“枫桥经验”的理论构建

中国法学会“枫桥经验”理论总结和经验提升课题组 著

法律出版社
LAW PRESS·CHINA
北京

图书在版编目(CIP)数据

"枫桥经验"的理论构建 / 中国法学会"枫桥经验"理论总结和经验提升课题组著.-- 北京:法律出版社,2018(2023.12重印)

ISBN 978-7-5197-2798-7

Ⅰ.①枫… Ⅱ.①中… Ⅲ.①社会管理—研究—诸暨 Ⅳ.①D675.54

中国版本图书馆CIP数据核字(2018)第239984号

"枫桥经验"的理论构建
"FENGQIAO JINGYAN" DE LILUN GOUJIAN

中国法学会"枫桥经验"理论总结和经验提升课题组 著

责任编辑 孙东育 屈 瑶
执行编辑 张晨华
装帧设计 臧晓飞

出版发行 法律出版社
编辑统筹 学术·对外出版分社
责任校对 杨锦华
责任印制 陶 松
经 销 新华书店

开本 A5
印张 7 字数 124千
版本 2018年11月第1版
印次 2023年12月第5次印刷
印刷 三河市龙大印装有限公司

地址:北京市丰台区莲花池西里7号(100073)
网址:www.lawpress.com.cn
投稿邮箱:info@lawpress.com.cn
举报盗版邮箱:jbwq@lawpress.com.cn

销售电话:010-83938349
客服电话:010-83938350
咨询电话:010-63939796

书号:ISBN 978-7-5197-2798-7
定价:58.00元
凡购买本社图书,如有印装错误,我社负责退换。电话:010-83938349

前　言

1963年，在农村社会主义教育运动中，毛泽东主席对浙江省诸暨枫桥干部群众创造的“依靠群众、发动群众，就地化解矛盾”的“枫桥经验”作出批示，“要各地仿效，经过试点，推广去做”。2003年，习近平同志在担任浙江省省委书记期间，明确提出要“坚持好、发展好‘枫桥经验’”，并领导全省干部群众不断创新发展推广“枫桥经验”。2018年是毛泽东同志批示学习推广“枫桥经验”55周年、习近平同志指示坚持发展“枫桥经验”15周年。2018年1月，中央政治局常委会工作要点明确于年内召开毛泽东同志批示学习推广“枫桥经验”55周年暨习近平同志批示坚持发展“枫桥经验”15周年纪念大会。在这个特殊的年份，对与时俱进的“枫桥经验”，特别是新时代“枫桥经验”进行全面深入地总结，并进行理论概括和构建，在全国范围内推广“枫桥经验”，意义重大、影响深远。

2017年12月9～11日，中共中央政治局委员、中央书记处书记、中央政法委书记郭声琨同志在浙江调研时作出重要指示，要求法学会加强研究“枫桥经验”，做好理论总结和经验提升工作。2018年1月22～23日，中央政法工作会议对“枫桥经验”的提炼、总结和推广工作作出了一系列明确要求和重要部署。为落实郭声琨同志的指示和中央政法工作会议精神,中国法学会会同浙江省委政法委设立《“枫桥经验”理论总结和经验提升》重大课题,并形成了工作方案。成立了《“枫桥经验”理论总结和经验提升》重大课题领导小组和专家组。工作方案报郭声琨同志,经郭声琨同志圈阅后,领导小组和课题专家组随即按照该工作方案开展相关活动。

2018 年 1 月 25 日,“枫桥经验”理论总结和课题研究座谈会(暨课题启动会)在京召开,领导小组组长、中国法学会党组书记、常务副会长陈冀平同志主持会议。会议重温了毛泽东同志关于学习推广“枫桥经验”的批示和习近平总书记关于坚持发展“枫桥经验”的重要指示,传达了中央政法工作会议对“枫桥经验”的总结、提炼、推广作出的重要部署和郭声琨同志关于加强研究、做好理论总结和经验提升工作的重要指示。与会领导同志和专家学者围绕“枫桥经验”的理论总结、经验提升和课题设置、调研安排展开了深入的交流探讨,提出了许多真知灼见。

4 月 9 ~ 13 日,由中国法学会党组成员、副会长兼秘书长、课题领导小组副组长鲍绍坤带队,课题组赴浙江省进行了专题调研,并形成了调研报告,报中央政法委及郭声琨同志。

6 月 5 ~ 7 日,中国法学会与浙江省委政法委在杭州组织召开了“枫桥经验”理论座谈会。会议由中国法学会党组成员、副会长、“‘枫桥经验’理论总结和经验提升”重大课题专家组组长张文显主持。与会专家围绕习近平同志与“枫桥经验”、习近平新时代中国特色社会主义思想与新时代“枫桥经验”，对“枫桥经验”进行理论总结的重大意义、重点、难点，“枫桥经验”的概念，“枫桥经验”的发展历程、时代内涵，新时代的挑战和“枫桥经验”创新发展，“枫桥经验”在浙江及全国的发展，域外基层社会治理的不同模式及借鉴意义，“枫桥经验”如何推向全国、如何走向世界等问题展开了热烈深入的讨论，形成了“枫桥经验”理论概括提纲。

7 月 2 ~4 日，中国法学会在北京召开“枫桥经验”理论纲要编写会。出席编写会议的专家对理论纲要初稿各部分内容进行了细致深入地研讨，明确了修改思路和重点。7 月 28 ~ 30 日，课题组再次深入浙江进行调研，并召开统稿会，经过讨论、修改、完善，形成了送审稿。8 月 15 ~16 日，课题组部分成员参加了在绍兴举行的“新时代‘枫桥经验’理论研讨会”并在诸暨枫桥进行深入考察。会议期间，征求了部分与会领导同志和专家学者对送审稿的修改完善意见。会后，张文显组长对全部书稿进行修改，形成了新的送审稿。

送审稿暂定名为《“枫桥经验”的理论构建》。构建，意味着把分散、凌乱的观点按照一定的逻辑体系化、集成化，理论构建还意味着把直接经验（做法）和感性认识上升为抽象的条理化理论即理性认识。“枫桥经验”的理论构建，也就是“枫桥经验”的理论总结、理论表达,显示的是理论上的“枫桥经验”。

经过反复讨论,征求各方面意见,我们将“新时代枫桥经验”归结为四个理论命题:

第一,新时代“枫桥经验”是习近平新时代中国特色社会主义思想的重大成果。习近平同志对“枫桥经验”进行了系统的总结、深刻的阐述,并大力推进“枫桥经验”在整个浙江大地开花结果,使“枫桥经验”成为新型社会治理的一整套好方法。特别是习近平新时代中国特色社会主义思想引领“枫桥经验”从社会管制的经验提升为社会管理的经验,再创新和发展为社会治理的经验,实现了“枫桥经验”的两次历史性飞跃和创新。

第二,新时代“枫桥经验”是在党的领导下由枫桥人民创造和发展起来的化解矛盾、促进和谐、引领风尚、保障发展的一整套行之有效并且具有典型意义和示范作用的基层社会治理机制和方法。首先,从毛泽东同志到习近平同志,从党中央到浙江省委,再到绍兴市委、诸暨市委,各级党委为创新和发展“枫桥经验”指明了正确道路,也提供了坚强有力的思想指引和政治保障。其次,诸暨市枫桥镇是“枫桥经验”的原创地、发源地,但今天所谓的“枫桥经验”已经涵盖了枫桥、诸暨、绍兴之外的人民结合本地实践,在学习运用“枫桥经验”过程中探索、创新和发展起来的新经验。最后,“枫桥经验”是经过实践和时间检验的可复制、可推广的基层社会治理经验,是基层社会化解矛盾、促进和谐、引领风尚、保障发展的一整套好机制、好办法。

第三,“枫桥经验”由五个核心要素组成,包括党建统领、人民主体、“三治”结合、共建共治共享、平安和谐。这样五个要素构成了“枫桥经验”的鲜明特征和时代内涵。其中,党建统领是根本保证,人民主体是价值核心,“三治”结合是基本要义,共建共治共享是基本格局,平安和谐是目标效果。

第四,“枫桥经验”集中体现了基层社会治理的中国智慧和中国方案,是枫桥人民、浙江人民和中国人民奉献给世界的有关基层社会治理的一整套的智慧和方案。“枫桥经验”走向世界必将提升我国在全球治理中的影响力和话语权。

目　　录

第一章 “枫桥经验”理论构建的重大意义和方法论

“枫桥经验”是我国政法综治战线的一面旗帜和社会治理的一张金名片。20世纪50年代,浙江省诸暨枫桥等地就有依靠群众化解矛盾的做法。20世纪60年代初,社会主义教育在全国范围内开展,枫桥干部群众经集中讨论,决定采取发动群众、依靠群众的方式对“四类分子”进行改造,并取得了良好效果。1963年,毛泽东同志对枫桥的做法给予充分肯定,这一实践被总结为“枫桥经验”。经过几十年的创新和发展,“枫桥经验”不断被赋予新的内容,注入新的活力,以更加新颖、稳定、完整和系统化的姿态展现出来。2018年是毛泽东同志批示学习推广“枫桥经验”55周年,也是习近平同志指示坚持和发展“枫桥经验”15周年。对“枫桥经验”进行理论构建,即进行经验总结、理论概括和体系创建,具有重大的历史意义、理论意义和时代意义,同时也具有十分强烈的紧迫性。

第一节 “枫桥经验”理论构建的重大意义

理论构建泛指提出或建立理论体系的过程，一般而言，是通过经验研究、以可验证的方式对某类社会现象作出概念化、原理化、体系化的系统性解释的认知过程及其成果。对“枫桥经验”进行理论构建，意义是多方面的。

一、不断丰富和深化习近平新时代中国特色社会主义思想的客观需要

习近平新时代中国特色社会主义思想是马克思主义中国化的最新成果和中国特色社会主义理论体系的重要组成部分。习近平总书记以巨大的政治魄力和强大的理论勇气，全面系统科学地回答了“新时代坚持和发展什么样的中国特色社会主义、怎样坚持和发展中国特色社会主义”的问题，以全新的视野深化了对共产党执政规律、社会主义建设规律、人类社会发展规律的认识。

毛泽东思想催生了“枫桥经验”，习近平新时代中国特色社会主义思想创新发展了新时代“枫桥经验”。将“枫桥经验”构建为成熟的理论或思想，是当前法学理论工作的紧迫任务。有一种观点认为，“枫桥经验”是习近平新时代中国特色社会主义思想的重要组成部分。实际上，经验是思

想产生的必要前提,但经验是无法直接成为思想的组成部分的。经验要上升为思想,既离不开抽象的理论建构,使其科学化,又离不开充分的实践检验,使其具有指导性。因此,“枫桥经验”要想成为习近平新时代中国特色社会主义思想的有机组成部分,还需要我们对“枫桥经验”进行经验归纳、概念提炼、规律把握、系统梳理、创新探索等理论提升工作。只有这样,“枫桥经验”才能被称为马克思主义理论与中国基层社会治理具体实践相结合的产物,才能被视为习近平新时代中国特色社会主义思想在社会治理领域的重要理论成果。只有这样,我们才能理直气壮、名正言顺地说,“枫桥经验”已经具有丰富时代内涵、广泛实践逻辑、深厚理论根基。反之,如果“枫桥经验”仅停留在经验层面的日常表述,缺乏内在逻辑性、体系性、时代性和科学性,就不能成为习近平新时代中国特色社会主义思想的有机组成部分。

二、进一步发现、探索和顺应基层社会治理规律,推进基层社会治理现代化的必然要求

经验是在社会实践中产生的,它是客观事物在人们头脑中的反映,也是认识的开端。通常来说,经验往往只是对事物进行的初步归纳与总结,相对肤浅、零散,无法达到揭示真理的认知要求。只有那些全面而准确地反映事物本质属性和内在规律的经验才是科学层面的经验,使经验迈向

科学的关键步骤在于对经验进行理论转化。

“枫桥经验”是在党的领导下由人民群众首创并逐步积累的经验。在不同的时代和场合,“枫桥经验”总结和概括的方式并非完全一致,往往会产生形态各异的经验性表达。其中,有的仅适用于当时当刻,是“应景式”的经验;有的仅适用于当地当势,是不能复制的经验;有的未经检验,甚至是有悖于社会规律的“经验”。因此,把“枫桥经验”建立为一种理论范式,就成为一种必然选择。

从“枫桥做法”到“枫桥经验”再到“枫桥理论”,是一个认识不断深化的过程,体现了实践——认识——再实践——再认识的认识论意义上的循环发展。“枫桥经验”的理论构建,要将繁杂的初步经验去伪存真、去粗取精,进而抽丝剥茧,发现共同规律并提炼升华,最终形成科学严谨、逻辑自洽的理论体系。“枫桥经验”理论范式的运用,就是要将其作为检验标准,判断和认定遵循事物自身发展规律的客观、科学的经验。以理论范式指引实践,最终促进形成稳定且具有体系性的新时代“枫桥经验”。

三、学习推广、创新发展“枫桥经验”的现实需求

理论是实践的先导,思想是行动的指南。马克思主义认为,理论与实践存在辩证关系:实践是理论的基础,是检验理论真理性的标准;而理论的价值在于对实践具有巨大的指导作用。我们党高度重视理论建设和实践指导,强调

理论必须同实践相统一。习近平总书记指出,我们坚持和发展中国特色社会主义,必须高度重视理论的作用,增强理论自信和战略定力。而要使理论对实践产生指导作用,使实践达到预期效果,就必然要求实践基础上的理论阐释、理论概括和理论建构。

自“枫桥经验”诞生以来,枫桥人从未故步自封,而是注重正确处理变与不变的辩证关系,根据不同时期的形势任务,不断赋予“枫桥经验”新的内涵。当前,中国特色社会主义进入新时代,基层社会的经济结构、人口组成、矛盾类型发生重大变化,“枫桥经验”更加需要与时俱进、转型升级,更为迫切地需要科学的“枫桥理论”对实践进行指引。

从全国范围来看,自 2004 年 12 月全国综治工作会议召开以来,全国各地掀起了学习“枫桥经验”的热潮,致力于形式多样的推广、创新和发展。实践中,各地推进情况千差万别,即使在同一地区情况也不尽相同:有的地方只是停留在做法层面,并未上升为经验;有的被标签化为“枫桥经验”,并未接近“枫桥经验”的实质内核;有的甚至与“枫桥经验”的精神相违背,并未真正掌握“枫桥经验”的核心要义。实践表明,没有“枫桥理论”的统一指导,“枫桥经验”的实践和推广将缺乏正确方向,在坚持发展“枫桥经验”的过程中便无法处理好变与不变的辩证关系,运动式的做法也将导致“枫桥经验”急速升温或冷却,致使“枫桥经验”的推广缺乏内生动力和可持续性。此外,那些被实践证明行之有效的

“枫桥经验”客观上也需要法律化、制度化，而从经验到法律、制度，“枫桥理论”的指引和支持不能缺位。

党的十九大报告明确提出“健全自治、法治、德治相结合的乡村治理体系”要求，中央政法工作会议对新时代在全国推广“枫桥经验”作出具体部署，推动“枫桥经验”由促进乡村治理体系建设向促进城镇、社区治理体系建设延伸。为保证“枫桥经验”在全国学习推广中不走偏、不走样，中央政法工作会议要求做好“枫桥经验”的总结、提炼。这充分体现了党中央对“枫桥经验”理论构建工作的高度重视，为不断把握基层社会治理规律，不断推进枫桥经验提升和枫桥理论创新提出了更高要求。

四、形成与传承“枫桥文化”的必然要求

文化是人们普遍认可、能够交流和传承的意识形态，是人们对客观世界的感性认识与实践经验的升华。文化是人们的内心确信，往往外化为自觉的行为。任何一种社会经验若要具有更广泛的适用性、具备更持久的价值，必然要形成一种文化。

五十多年来，“枫桥经验”经历了从以维护社会稳定为重点向以人民为中心的理念转变；从基层预防化解矛盾的做法向自治、法治、德治相结合的基层社会治理模式转变；从群防群治向共建共治共享转变；从以人防、物防、技防为主的“三防”结构到建立健全人防、物防、技防、心防“四防并

举”的社会风险防控体系转变;从传统方式向传统方式加智慧治理转变;从“小治安”到“大平安”转变……“枫桥经验”因其普遍性的科学认识与持久的价值内涵向人们展现了它强大的生命力。随着时代的发展,“枫桥经验”还将继续丰富内容、创新方式、拓展功能、提升效果,不断适应新形势、解决新问题,在基层社会治理乃至全社会治理领域发挥更好更大的效能,进而在未来大数据、人工智能、区块链等新一轮技术革命时代焕发新活力。

为了推动“枫桥经验”形成“枫桥文化”“枫桥精神”,就必须对“枫桥经验”进行理论构建,首先将其上升为“枫桥理论”。只有将经验上升为理论,才有助于人们从内心认可它、从生活习惯上接受它、从思维方式上遵守它,使经验通过理论的桥梁成为全社会的共同确认和行为遵循。“枫桥经验”的理论构建不仅是“枫桥经验”的理论总结和升华,同时也是使“枫桥经验”成为“枫桥文化”“枫桥精神”的理论准备和理论支撑。如果没有实现理论转换,就不可能成为具有巨大传播力、穿透力和感染力的“枫桥文化”或“枫桥精神”。因此,理论构建是经验成为文化的必经之路。

五、文明互鉴,展示社会治理中国模式的时代要求

“枫桥经验”是中国共产党领导人民群众创造的乡村治理经验、城乡基层社会治理经验,它充分体现了我国基层社会治理的现代化水平,是社会治理经验的典范。“枫桥经

验”不仅在中国具有很强的普适性，而且能为其他国家和地区特别是发展中国家的基层社会治理提供借鉴。“枫桥经验”要走出国门，就必须推动“枫桥经验”的理论构建，使其成为中国特色基层社会治理模式，从而为世界各国的基层社会治理提供中国经验和中国方案。这项重要工作是我们向全世界展示中国制度优势、科技优势、文化优势的良好契机，也是我们为人类文明进步作出的充满中国智慧的独特贡献。

当前，“枫桥经验”吸引了不少国家的专家学者、政府官员到浙江枫桥等地了解体验、考察调研。国内对于“枫桥经验”开展国际传播的呼声也很高。然而，从目前来看，“枫桥经验”还未能在国际上获得普遍交流，也未能在世界范围内得到广泛认同，其说服力和影响力颇显不足。“枫桥经验”未能完全走出国门的原因还在于尚未形成标识性的概念、尚未完成理论构建，基层社会治理的内在规律还未被准确揭示，推广使用的条件和范围尚未被明确阐释，仍然是一种局部的、淳朴的感性经验，没有形成规律性的理性认识。

文明的交流与互鉴，需要有一整套行之有效、逻辑自洽的理论体系作为传播载体，理论上不彻底，就难以服人。马克斯·韦伯关于社会治理的“三种权力论”、卢曼的“社会系统理论”之所以能成为经典并为世界各国学者运用与传播，关键就在于他们的观点已经形成了理论范式，易于人们广泛传播和深入研究。因此，推动“枫桥经验”理论构建，形成中国基层社会治理的理论范式,是我们与世界各国对社会治理问题开展平等对话,展现比较优势,促进文化交流,彰显中国特色的重要前提。

综上所述,对“枫桥经验”进行理论构建,意义重大。与此同时,该项工作也具备了充分的可能性,这主要体现在:第一,党中央高度重视,对基层社会治理作出了统一部署。党的十九大报告提出了“健全自治、法治、德治相结合的乡村治理体系”“打造共建共治共享的社会治理格局”“完善党委领导、政府负责、社会协同、公众参与、法治保障的社会治理体制”“提高社会治理社会化、法治化、智能化、专业化水平”等基层社会治理理念和要求;习近平总书记对基层社会治理创新寄予厚望,指出“推进改革发展稳定的大量任务在基层,推动党和国家各项政策落地的责任主体在基层,推进国家治理体系和治理能力现代化的基础性工作也在基层”;中央政法工作会议对基层社会治理和“枫桥经验”推广实践也作出了重要部署。第二,实践中积累了十分丰富的样本素材。从“枫桥经验”诞生至今,五十多年的实践形成了大量的数据及鲜活的案例,为理论总结和提炼做好了准备,奠定了基础。第三,对“枫桥经验”的基本内涵和核心元素已初步达成共识。长期以来,一批专家学者和实务部门的同志十分重视、长期关注“枫桥经验”,通过深入调查和研究分析,已经形成了一系列重要的理论成果。特别是党的十九大以来,在党中央的高度重视和指导下,中央政法委、中国法学会、浙江省委及省委政法委等组织和单位，广泛动员全国法学、政治学、社会学、公共治安学等学科专家学者进行深入研究，为系统开展“枫桥经验”的理论构建工作进行了必要的理论奠基和人才储备。

第二节 “枫桥经验”理论构建的方法论

科学的实践需要科学的理论，科学的理论需要科学的方法作指导。方法论是人们认识世界、改造世界的根本方法，是我们开展理论研究的行动指南。对“枫桥经验”进行理论构建应当坚持正确的方法论。

一、坚持以习近平中国特色社会主义思想为指导

习近平新时代中国特色社会主义思想在党的十九大上被写入党章，成为我们党的指导思想；在十三届全国人大第一次会议上被写入宪法，被确立为我们国家的指导思想。习近平新时代中国特色社会主义思想是马克思主义中国化最新成果，是马克思主义基本原理与中国具体实际相结合的又一次伟大飞跃。因此，对“枫桥经验”理论构建必须以习近平新时代中国特色社会主义思想为指导。

习近平新时代中国特色社会主义思想的内容十分丰富，涵盖改革发展稳定、内政外交国防、治党治国治军等各

个领域,构成了一个系统完整、逻辑严密、相互贯通的思想理论体系。社会治理思想是其重要内容和不可或缺的有机组成部分。习近平同志从 2003 年主政浙江以来,高度重视和关注社会治理,发表了一系列关于社会治理的重要论述,形成了具有深刻理论基础、丰富时代内涵的社会治理思想。新时代“枫桥经验”属于基层社会治理的经验,新时代“枫桥经验”的理论构建就必然要以习近平社会治理思想为指导。习近平在浙江工作期间,作出了一系列关于坚持发展“枫桥经验”的指示和批示,发表了大量关于“枫桥经验”或者与“枫桥经验”直接相关的文章和讲话。这些指示、批示、文章和讲话是习近平社会治理思想的重要载体。在某种意义上,习近平社会治理思想特别是其中关于基层社会治理的思想,与新时代“枫桥经验”是同步发展、相互促进、相辅相成的。“枫桥经验”是习近平社会治理思想活的源头;新时代“枫桥经验”又在习近平社会治理思想指引下得到升华,是习近平社会治理思想的重大成果。没有习近平中国特色社会主义思想特别是其中社会治理思想的孕育和发展,新时代“枫桥经验”的理论构建就缺乏灵魂。

因此,在“枫桥经验”理论构建的整个工作过程中,必须坚持原原本本地学习研究习近平关于社会治理包括“枫桥经验”和基层社会治理的重要论述。只有这样,才能准确阐释“枫桥经验”的理论内涵与内在逻辑,否则,理论总结工作将迷失方向和丧失动力。

二、坚持马克思主义认识论原则

马克思主义认识论是指辩证唯物主义认识论，是关于人类的认识来源、认识能力、认识形式、认识过程和认识真理的科学认识理论。“枫桥经验”的理论构建必须坚持以马克思主义认识论为指导。

坚持以马克思主义认识论为指导，需要在“枫桥经验”理论构建的过程中坚持马克思主义实践观。马克思主义哲学在人类历史上，第一次把“实践”范畴引入认识论，指出实践是认识的基础、认识的来源、认识发展的动力、认识的目的和检验真理的唯一标准。马克思主义哲学的诞生，之所以跨越了唯物论与唯心论的对立，超越了现代西方哲学，引发了哲学革命性的变革，其奥秘和实质就在于把实践概念引入认识论，把认识论建立在实践概念之上。

坚持马克思主义实践观，就是要在理论构建过程中，以实践理念对研究客体进行主动性选择。也就是说，“枫桥经验”理论构建不是对所有“枫桥做法”进行直接映现和单纯模写，而是立足实践基础进行甄别、筛选，由此及彼、由表及里，将那些源于实践、经受实践检验的做法作为研究客体，进行科学改造。

坚持马克思主义实践观，就是要在理论构建过程中，以“改变世界”为基本目的，从理性认识回到社会实践中，应用理论于实践，检验是否能达到预想的目的。从理论形态上来看,马克思主义实践哲学不是某种以公理体系的形式出现的纯粹哲学,其所面对的不是抽象的概念和逻辑,而是在现实问题的研究中实际发生的矛盾和问题。“枫桥经验”的理论构建必须深入到对基层社会治理的现实问题分析中,同对社会治理的现实问题研究交融在一起,从而发挥“改变世界”的功能。理性认识活动不是一次完成的动作,而是循环往复、由现象到本质、由一级本质到二级本质的逐步深化的过程。“枫桥经验”理论构建绝不是一蹴而就、一劳永逸的,我们要通过实践发现“枫桥经验”的内在规律,又通过实践来证实和发展主体对于规律的把握。

坚持以马克思主义认识论为指导,需在“枫桥经验”理论构建的过程中坚持马克思主义矛盾观。矛盾是普遍存在的,无时无处不在。但矛盾是变化着的,随着外部条件的变化,主要矛盾和次要矛盾、矛盾的主要方面和次要方面都要发生变化。基层社会治理包括乡村治理所面对的社会矛盾,在不同的经济社会发展阶段是不一样的。因此,归纳、提升新时代“枫桥经验”就要体现新时代的特点,适应新时代社会主要矛盾的变化,比如不能再把“枫桥经验”仅仅作为社会治安的经验、矛盾纠纷化解的经验,而要更加注重挖掘其在实现人民美好生活需要方面的价值。坚持、创新和发展“枫桥经验”,必须准确分析新时代社会矛盾的特点,把握社会矛盾中的变与不变。同时,在关于“枫桥经验”的纷繁复杂的现象中,应当选取最能反映“枫桥经验”本质特征、最符合“枫桥经验”功能定位和时代价值的要素。同时，遵循、适应、反映“枫桥经验”和基层社会治理变化发展的内在规律。

坚持以马克思主义认识论为指导，需要在“枫桥经验”理论构建的过程中坚持马克思主义真理观。马克思主义认为真理是客观的，是不以任何人的主观意志为转移的；真理是具体的，任何真理都是相对于特定的过程来说的；真理是有条件的，任何真理如果超出了自己适用的条件和范围，就会变成谬误。“枫桥经验”之所以历久弥新，就是因为其遵循了我国基层社会治理的内在规律。“枫桥经验”的理论构建必须明确其适用的条件和范围。不能把“枫桥经验”绝对化，否则就容易滑入机械论的泥坑。我们应当既注重对“枫桥经验”的内涵、特征、基本元素和重大理论命题等进行理论构建，又加强对“枫桥理论”适用条件和范围的研究。只有承认“枫桥理论”的相对性和有限性，才能坚持“枫桥理论”的正确性，才能促使人们能根据不同的历史发展阶段、经济社会结构和文化传统有选择性或创造性地适用“枫桥理论”，从而避免“南橘北枳”现象的发生。

坚持以马克思主义认识论为指导，还需要在“枫桥经验”理论构建的过程中坚持从特殊到一般的认识规律。从特殊到一般的认识规律也就是从现象到本质、从具体到抽象、从经验到理论的认识规律。“枫桥经验”理论构建切忌把现象当作本质，把具体当作抽象，把经验当作理论，从而影响我们把“枫桥做法”和“枫桥经验”真正升华为系统化、科学化的“枫桥理论”。

三、坚持实事求是和一切从实际出发

党的思想路线解决的是用什么样的世界观、方法论认识世界和改造世界的问题。思想路线之所以如此重要，是因为客观存在是不以人的意志为转移的，人们要想达到预期目的，就要使认识合乎客观世界的规律性，否则就会在实践中失败。我们党的思想路线，是中国共产党人认识问题、分析问题、处理问题所遵循的最根本的指导原则。中国共产党在长期的革命、建设和改革的伟大实践中，一以贯之地坚持辩证唯物主义的思想路线，即一切从实际出发，理论联系实际，实事求是，在实践中检验真理和发展真理。“枫桥经验”理论构建也要准确把握和始终坚持我们党的思想路线。

在“枫桥经验”理论构建中坚持党的思想路线，一是要坚持一切从实际出发，不唯书、不唯上、只唯实，使主观与客观相符合，理论与实践相统一；必须坚持解放思想、实事求是、与时俱进、求真务实，其中核心是实事求是。这是对党的思想路线精神实质、实践要求的高度概括。发展实践永无止境，认识真理永无止境，理论和实践创新永无止境。顺应新时代、新发展、新要求，迫切需要我们以更大的勇气和更高的智慧，积极探索、大胆试验，研究新情况，总结新经验,不断推进实践基础上的理论创新、制度创新、文化创新,以新的理念、思路和举措,着力解决社会治理尤其是基层社会治理中的新矛盾、新问题。

二是要坚持理论联系实际,坚持在实践中发现真理、检验真理和发展真理。在“枫桥经验”理论构建过程中,“求是”就是要求我们探索和坚持“枫桥经验”、本源意义。“枫桥经验”历久弥新的重要原因在于其是中国乡村治理历史逻辑、理论逻辑、实践逻辑的必然结果。依靠和发动群众,矛盾不上交、就地化解等是“枫桥经验”区别于其他基层社会治理经验的最原始、最朴素、最本源的内容,是“枫桥经验”最具标识性和普遍性的概念。习近平同志要求坚持和发展“枫桥经验”,着力强调的就是准确把握“枫桥经验”的内在基因,坚持和发展“枫桥经验”的核心要义。离开本源谈理论,将导致“枫桥经验”内容的空洞和形式的泛化,“枫桥经验”的规律探索将成为无本之木、无源之水。对“枫桥经验”进行理论构建,必须坚持实事求是,坚持“破”与“立”的对立统一、相互协调和相互接续。对“枫桥经验”进行理论构建,必须解放思想,破除僵化思维,及时研究、提出和运用新思想、新理念、新办法,用更新的思想催生思想的活力,站在社会治理和国家治理现代化的高度,以国际视野构建具有中国特色、中国风格、中国气派的“枫桥理论”。

第二章 “枫桥经验”的概念和基本元素

“枫桥经验”理论构建的首要任务是界定概念。“枫桥经验”的实践不断发展,不同时期“枫桥经验”的内涵也不断丰富。理论界和实务界先后使用“枫桥的经验”“枫桥经验”“新枫桥经验”“新时代枫桥经验”等概念来表述其不同阶段的内涵。

狭义或本源意义上的“枫桥经验”(“枫桥的经验”)是指20世纪60年代浙江省诸暨县枫桥区干部群众创造的依靠人民群众、就地化解矛盾的一套行之有效的方法。狭义上的“枫桥经验”是一套教育改造“四类分子”及游手好闲的“不良人员”的方法,具有“管制”特征。

“新枫桥经验”,一般泛指改革开放后枫桥等地创造的服务经济发展、维护社会稳定的基层社会治安综合治理方法。也有人把“新枫桥经验”框定为枫桥等地在改革开放后至党的十八大以前发展出的各种基层社会治安综合治理方法。这个时期的“枫桥经验”总体上具有“管理”模式的特征,并向“治理”模式的新时代“枫桥经验”过渡。

“新时代枫桥经验”是在党的领导下,由枫桥等地人民创造和发展起来的化解矛盾、促进和谐、引领风尚、保障发展的一整套行之有效且具有典型意义和示范作用的基层社会治理方法，其基本元素包括党建统领、人民主体、“三治”结合、共建共治共享、平安和谐等。“新时代枫桥经验”，指党的十八大以后在原有基础上创新发展起来的“枫桥经验”，具有鲜明的“治理”特征。本书所界定和分析的是新时代“枫桥经验”的概念和内涵。

第一节 “枫桥经验”的基本概念

理解新时代“枫桥经验”概念，必须对其所蕴含的内容进行厘定和诠释。新时代“枫桥经验”概念的基本逻辑体现在四个层次上：其一，“枫桥经验”是一套基层社会治理方法；其二，“枫桥经验”是在党的领导下，由枫桥等地人民创造和发展起来的；其三，“枫桥经验”的功能是化解矛盾、促进和谐、引领风尚、保障发展；其四，“枫桥经验”行之有效，具有典型意义和示范作用。上述四个层次环环相扣，是新时代“枫桥经验”概念不可或缺的组成部分。

一、“枫桥经验”是一套基层社会治理方法

从适用范围和具体内容来看，“枫桥经验”均指向如何具体开展基层社会治理，即关涉基层社会治理的方法问题。

“枫桥经验”的适用范围是“基层”。治理分为国家治

理、地方治理和基层治理。我国当前的基层，在农村主要由家庭、村落、乡镇组成，在城市主要由社区、街道组成。此外，参与基层治理活动的主体还包括各种社会组织、企事业单位等。“基层”是一个社会最基础的组织构造层，最直接面对人民群众，最直接回应人民群众诉求，最直接体现党和群众的血肉联系，具有特别重要的地位和作用。“枫桥经验”从起源到发展，从农村到城市，一直没离开基层，一直围绕着基层各种主体参与的管制、管理和治理活动展开。

“枫桥经验”所要解决的是基层出现的“社会矛盾”。“枫桥经验”在不同时期所解决的矛盾类型各不相同，形成初期是化解阶级矛盾，发展时期是调和人民内部矛盾，新时代是着力解决社会主要矛盾深刻变化所引发的各种基层社会矛盾。进入新时代，基层社会矛盾已经发生转化，人民对美好生活的需要不仅仅是丰衣足食、矛盾化解、安定有序，也包括民主参与、依法维权、共享成果，还包括可持续发展、风尚良好、社会和谐。这些需求与社会发展的不平衡、不充分必然带来各种新的基层社会矛盾。新时代“枫桥经验”的目标指向就是要解决这些新的基层社会矛盾。

“枫桥经验”是解决矛盾的“方法”，在新时代表现为“基层社会治理方法”。把“枫桥经验”定义为“方法”，明确了“枫桥经验”是方法意义上的“经验”，避免了将“枫桥经验”作为一般“经验”的词语重复。以往理论界和实务界给出的“枫桥经验”定义，无论是“经验说”“活法说”，还是“模式说”，都不够准确。“基层社会治理方法”这个概念，抓住了“枫桥经验”在本体论意义上的内容和性质，也反映了其时代内涵和时代特征。“枫桥经验”在其发展的各个阶段表现为多种具体解决矛盾的方法：“枫桥经验”诞生阶段的管控模式表现为“依靠和发动群众，坚持矛盾不上交，就地化解”；改革开放后发展阶段的管理模式表现为加强群防群治、镇村联动，开展社会治安综合治理，可以概括为“小事不出村，大事不出镇，矛盾不上交，就地化解”；新时代的治理模式以“社会化、法治化、智能化、专业化”为总体思路，构建了包括社会治理组织体系、社会治理服务体系、社会矛盾化解体系、社会安全防控体系、社会治理信息体系和社会公平执法体系在内的“六大体系”。这些体系当中所包含的各种具体方法已经超越了综治、调解、信访等内容，其主体更加多元，各主体间积极配合互动，形成了一个良性的治理过程。

二、“枫桥经验”是在党的领导下，由枫桥等地人民群众创造和发展起来的

“枫桥经验”的形成和发展离不开两点：一是党的领导；二是人民群众的创造和发展。“枫桥经验”是枫桥等地人民群众在党的领导下，积极贯彻党的方针政策，以务实的态度积极探索、大胆创新而产生和发展起来的，反映和体现了人民的首创精神，是中国共产党领导中国人民治理基层社会

的成功样本,是基层群众依法、以德自治的典范。

(一)党的领导是“枫桥经验”产生和发展的前提条件

首先,“枫桥经验”是中国共产党领导人民群众进行社会改造的产物。1963年党中央部署的社会主义教育运动是“枫桥经验”产生的历史背景。中央作出“一个不杀,大部不捉”的指示为如何转化和化解矛盾提供了政治导向,提供了追求矛盾解决效果的方法论导向。正是在中央统一部署的前提下,在中共浙江省委的领导下,在省委枫桥工作组的推动下,作为社教运动试点地区的诸暨市干部群众才得以充分发挥主动性和能动性,才创造出依靠人民群众、就地化解矛盾的方法。中央的部署和浙江省委对社会主义改造的具体领导是“枫桥经验”产生和发展的前提条件。

其次,“枫桥经验”的创新发展是党中央方针政策指引的结果。改革开放后,党中央审时度势,将工作重心转移到了经济建设上来。枫桥等地基层党组织根据党中央的方针政策,率先提出“社会治安综合治理”,致力于维护基层社会稳定,加强基层社会主义精神文明建设和民主法治建设,为经济建设保驾护航。枫桥等地摒弃过去的管制模式,形成了以综合性社会管理为特征的新经验。党的十八大以来,党中央作出全面建设小康社会、全面深化改革、全面推进依法治国、全面从严治党重大部署,为新时代“枫桥经验”的形成创造了条件。

最后,“枫桥做法”能够成为“枫桥经验”并且在全国得到推广和发展，与党中央的集体政治智慧和领袖的个人智慧密不可分。“枫桥经验”的形成离不开以毛泽东同志为核心的党中央的政治智慧，特别是毛泽东同志的远见卓识。枫桥干部群众就地化解矛盾的做法经过毛泽东同志的批示，提炼为“枫桥经验”，得以在全国推广，取得了积极的效果。新时代“枫桥经验”的形成和发展离不开以习近平同志为核心的党中央的政治智慧。习近平同志在担任浙江省委书记期间就对如何坚持和发展“枫桥经验”作出了一系列指示，明确要求“充分珍惜‘枫桥经验’，大力推广‘枫桥经验’，不断创新‘枫桥经验’”，为新时代“枫桥经验”的形成奠定了基础。习近平同志担任党的总书记之后，强调“适应时代要求，创新群众工作方法，善于运用法治思维和法治方式解决涉及群众切身利益的矛盾和问题，把‘枫桥经验’坚持好、发展好，把党的群众路线坚持好、贯彻好”，为新时代“枫桥经验”的创新和发展指明了方向，注入了动力。

（二）“枫桥经验”是枫桥等地人民在实践中创造和发展起来的

从地域范围来看，枫桥是“枫桥经验”的故乡，但在当今中国，“枫桥经验”已不局限于其“原产地”。毛泽东同志要求推广“枫桥经验”，“枫桥经验”就已经走出了诸暨枫桥“原产地”。习近平同志在担任浙江省委书记时要求推广、创新“枫桥经验”，“枫桥经验”在浙江全省得到普遍推广。习近平同志担任党的总书记以后，要求把“枫桥经验”坚持好、发展好,全国许多地方都相继出现了“枫桥经验”的创新实践。“枫桥经验”早已不是枫桥一地的经验,而是浙江和全国各地人民群众共同智慧的结晶。

从主体上来看,创造和发展“枫桥经验”的是人民群众。“枫桥经验”来自基层,来自人民群众,其价值和生命力来源于此。上级党委和政府在“枫桥经验”的总结和推广过程中发挥了重要作用,但它们只是经验的发现者、总结者、推广者和引领者。枫桥等地的党政领导坚持在基层治理中突出“自治”的特征,把决策权、管理权交给人民群众,在具体工作中立足于人民群众,走群众路线,充分发挥基层群众自治组织的作用。人民群众通过民主程序有序管理村和社区的重大事务,吸收广大村和社区成员共同商议,集体决定。群众广泛参与是“枫桥经验”不断创新发展的不竭动力。

三、“枫桥经验”发挥着化解矛盾、促进和谐、引领风尚、保障发展的功能作用

“枫桥经验”既然是一套基层社会治理方法,那么这套方法的应用就必然会产生出特定的功能效果。实践表明,“枫桥经验”的功能是最大限度地化解消极因素,调动积极因素,把问题解决在基层,把矛盾化解在萌芽状态,实现社会稳定,营造和谐局面,引领社会风尚,为经济社会全面发展创造条件。

“枫桥经验”在矛盾化解上具有既治标又治本、成本低、

效率高的特点。“枫桥经验”与单纯依靠行政手段处理矛盾的方法形成鲜明对比。行政手段依赖的是国家强制力，往往治标不治本，成本高、效率低，不适宜用于基层存在的大量一般性的矛盾。“枫桥经验”与单纯的司法方法也形成鲜明对比。司法方法成本高，大量一般性的矛盾纠纷会令司法机关不堪重负。新型社会矛盾多元化特征凸显，干群之间、劳资之间以及其他社会群体间的矛盾呈现出新的特点，涉法涉诉矛盾，尤其是涉黑涉恶以及具有敌对势力背景的尖锐矛盾增多。矛盾纠纷由过去单一的民事纠纷发展成为民事纠纷、经济纠纷、行政纠纷并存的复杂形态。社会矛盾的表现形式呈现群体性增强、对抗性增强、突发性增强等特点。基层治理主体应根据新型社会矛盾特点，不同矛盾采用不同方法，调解、行政、司法等各种方法综合运用，这是基层社会治理的基本趋势。“枫桥经验”能够最大限度地减少社会矛盾、最大限度地畅通社情民意通达渠道、最大限度地把问题解决在当地、最大限度地调动各方面积极因素，这符合新型社会矛盾解决的需求。当前，传统以血缘为基础的熟人宗族社会已经向以地缘为基础的市场经济社会转变，但从实际国情来看，在广大基层地区，特别是农村地区，人民群众的熟人意识仍然较强。基层社会总体上仍保留了熟人社会的特征，人与人之间多存在较为固定的密切联系，因此治理应以协商和调解为主。“枫桥经验”为基层社会的亲属关系、邻里关系和雇佣关系等基本社会关系提供了有效的多元协调机制,使各种矛盾能够在柔性干预下化解于其原生的社会关系内部。同时,在矛盾化解工作中坚持客观公正的工作方法,以理服人、以德感人,使群众在矛盾的解决过程中感受到公平正义,不激化矛盾。矛盾不上交绝不是掩盖矛盾,而是在积极化解矛盾的同时,强调培养群众的法治意识,引导群众通过法律途径解决矛盾。

“枫桥经验”在化解矛盾的同时促进了社会和谐。构建社会主义和谐社会,重心在基层。基层是社会的细胞,是构成和谐社会的基础。“枫桥经验”使疏解矛盾更加“有效”、处置问题更加“有力”、社会发展更加“有序”、社会和谐更加“有望”。“枫桥经验”把基层组织和干部队伍建设贯穿于和谐社会建设之中,从而为和谐社会的发展提供了保障。“枫桥经验”把人民群众看作和谐社会的建设主体,看作和谐社会建设的主力军和最广大的受益者,从而使和谐社会建设力量更加强大。“枫桥经验”把维护群众根本利益、促进利益关系协调看作和谐社会建设的重中之重,从而抓住了和谐社会建设的根本。“枫桥经验”注重基层民主法治建设,从而使和谐社会基础更加扎实。

“枫桥经验”是一种文化,也是一种精神,对基层社会风尚起着引领作用。“枫桥经验”以社会主义核心价值观为引领风尚的基本内容。倡导社会主义核心价值观,就是营造崭新的社会风貌、崭新的社会风尚。践行社会主义核心价值观,筑牢“主心骨”,凝聚“精气神”,弘扬“主旋律”,树立

“新风尚”,是新时代“枫桥经验”不变的主题。枫桥等地通过引导人民群众以各种方式广泛参与治理,培养主人翁意识,培育民主和法治精神,促使社会主义核心价值观深入人心。枫桥等地通过弘扬优秀传统文化,促使优秀传统文化与社会主义核心价值观有机结合,打造人民群众的共同文化家园和精神世界,实现人与人之间有效沟通、消除隔阂、增进共识、凝心聚力。枫桥等地通过突出典型、广泛宣传引导,在社会中推动形成积极向善向上的道德风尚,以榜样的力量推动践行社会主义核心价值观。

“枫桥经验”是以人为本的经验,满足了保障人、自然、社会全面发展的需要。以人为本是发展的最高价值取向。科学发展观,从根本上说就是寻求人与人、人与自然、人与社会之间的全局性、整体性的和谐发展。要尊重人、理解人、关爱人,就是要不断满足人的各种需要、促进人的全面发展。“枫桥经验”蕴含和凝结的人本思想和人文精神,就是一切为了满足人民群众日益增长的政治、经济、文化、安全、环境等方面的需要,促进人与人、人与自然、人与社会之间的和谐发展以及人自身的全面发展。枫桥等地干部群众坚持发展经济富裕人、推进民主进程解放人、注重文化建设提高人,促进了经济社会生态全面、协调、可持续发展。

四、“枫桥经验”行之有效,具有典型意义和示范作用

“枫桥经验”跨越几个历史时期,不断与时俱进。半个

多世纪的无数实践证明,“枫桥经验”行之有效,产生了良好的社会效果,成为基层社会治理的典范,具有普遍意义和持久的生命力,发挥了重要示范作用。

“枫桥经验”是具有中国特色的基层社会治理的成功经验。“枫桥经验”是从中央到地方、从省市到乡镇,按照党的领导、政府负责、民众协同参与的角色分工,多元主体合力打造的成果。“枫桥经验”的产生和发展从根本上讲是中国共产党人关于中国社会基层治理的思路、思想、制度、机制以及方法方式的探索实践及创新。在这个意义上,“枫桥经验”可谓党和国家关于中国基层社会治理的“试验以及实践示范样本”,肩负着将党的大政方针依当地情况进行实践探索,并为全国提供成功经验的重任。党和政府在“枫桥经验”形成和发展的过程中发挥着领导和主导作用,这种基层社会治理模式符合中国国情,具有中国特色,而对全局性问题的准确把握更使其典型意义和示范作用凸显出来。

“枫桥经验”具有确定性、稳定性和一般性,因而具有典型性和普遍意义。所谓确定性即内涵明确;所谓稳定性即效用持久;所谓一般性即不仅适用于当地而且其要义和基本方法适用于全国的其他地方。坚持党的领导是“枫桥经验”具有确定性、稳定性和一般性的根本保障,也为“枫桥经验”在全国范围内推广创造了条件。“枫桥经验”的确定性、稳定性和一般性决定了它在全国的示范和推广价值。

“枫桥经验”具有创新性,因而具有示范价值。“枫桥经验”不是一成不变的,“枫桥经验”的一个特点是不断创新。在新时代,这种创新表现在:大力推行自治、法治、德治相结合的基层治理机制,实现政府治理与社会自我调节、居民自治之间的良性互动;积极培育和规范社会组织,支持和引导社会组织在治理过程中积极发挥作用,实现自治自律、民主参与、矛盾调解、群防群治,帮助社会组织提高参与社会治理的能力和水平;培育企业社会责任感,以奖惩政策促进落实;深入推进群防群治队伍的社会化;积极推进基层社会治理的智能化和专业化等。这些创新毫无疑问对当下的中国具有典型意义和示范作用。

从世界范围来讲,“枫桥经验”是中国基层社会治理的一个“样本”,代表中国基层社会治理的一种“模式”。“枫桥经验”是开放的,与其他国家成功的基层社会治理经验互为镜鉴。

第二节 “枫桥经验”的基本元素

“枫桥经验”的基本元素包含:党建统领,人民主体,“三治”结合,共建共治共享,平安和谐。这五个元素基本覆盖了“枫桥经验”的时代内涵,其中党建统领是根本保证,人民主体是价值核心,“三治”结合是基本要义,共建共治共享是基本格局,平安和谐是目标效果。

一、党建统领

党建统领就是强调党在社会治理中的统一领导作用，将党的领导贯穿于基层社会治理的各个方面、各个环节，发挥基层党组织的核心堡垒作用和党员的先锋模范作用。党建统领是“枫桥经验”的根本保障。习近平同志强调要“把基层治理同基层党建结合起来”。党的十九大报告指出“加强基层党组织建设、提升基层社会的组织领导能力，必须贯穿于基层社会治理的全过程”。坚持党的领导是中国特色社会主义的最本质特征，基层社会治理更是离不开党的领导。党的十九大确定了“党委领导、政府负责、社会协同、公众参与、法治保障”“五位一体”的社会治理体制，党委领导是“龙头”。党建统领体现了“枫桥经验”的本质特征，体现了中国的政治优势，为“枫桥经验”的形成和发展提供了根本保障。枫桥等地党组织通过政治引领、思想引领、组织引领，组织群众、引导群众、凝聚群众、服务群众，把党组织的服务管理触角延伸到社会治理的方方面面，实现党委领导下的政府治理和社会调节、居民自治良性互动。实践表明，基层党组织是基层治理的“领头雁”；凡是“枫桥经验”坚持和发展得好的地方，都是党建工作和社会治理融合得好的地方，是基层党组织战斗堡垒作用和党员先锋模范作用发挥得好的地方。党建统领主要体现在三个方面。

(一)政治引领

党建统领首先是政治引领,表现在基层党组织在上级党组织的领导下,坚持政治原则,贯彻中央政治方针和政治路线,把握基层治理的政治方向,确保基层治理不脱离正确轨道。坚持正确的政治方向至关重要,政治方向直接关系到基层社会治理的政治立场。政治方向是基层社会治理的指南针,是基层社会治理不偏离社会主义轨道的根本保证。

坚持和发展“枫桥经验”,要求牢固树立中国特色社会主义的道路自信、理论自信、制度自信、文化自信,确保基层社会治理始终沿着正确方向前进。“枫桥经验”走的道路是中国特色社会主义道路,“枫桥经验”坚持的是中国特色社会主义制度,“枫桥经验”是中国的治理经验,“枫桥经验”的理论是中国的治理理论,“枫桥经验”的文化是中国的文化。离开道路自信、理论自信、制度自信、文化自信,“枫桥经验”就会成为无源之水、无本之木。

坚持和发展“枫桥经验”,要求始终坚持党的路线、方针和政策,坚持讲政治、讲大局、讲责任、讲担当,自觉在思想上、政治上、行动上同党中央保持高度一致。基层党组织在关键时刻和关键问题上主动发声,在风口浪尖上敢抓敢管,牢牢把握正确导向。基层党员干部在大是大非问题上立场坚定、旗帜鲜明。

坚持和发展“枫桥经验”,要求毫无例外地自觉坚持党性原则,坚守党的纪律,始终同人民群众保持密切联系,在一切工作中坚持群众路线。“枫桥经验”的一个特征就是,它能根据不同时期基层社会治理的要求,积极组织、发动并依靠群众,创新工作方法,保证党和国家的路线方针政策法律的有效实施。“枫桥经验”的基本精神体现了党委领导下的群众路线,体现了我们党正确处理人民内部矛盾的策略,体现了我们党坚持实事求是、一切从实际出发的思想路线,体现了新时代我们党关于基层社会治理的指导思想。

(二)思想引领

思想引领是基层党组织在理论观点、思想方法以至于精神状态方面的引领,就是坚持以马克思列宁主义、毛泽东思想、邓小平理论、“三个代表”重要思想、科学发展观、习近平新时代中国特色社会主义思想为指导,教育和武装广大党员和人民群众,向人民群众宣传党的路线、方针、政策,把党的主张变成人民群众的自觉行动。基层党组织的思想引领是政治引领、组织引领的前提和基础。思想是本,行动是形,本正则形立。思想上的关口是最重要的闸门,思想“闸门”不紧,行为做派就会“漏风”。反过来讲,思想上的返璞归真,党性上的固本培元,可以激发起行动上勘误纠错、踏实奋行的自觉。习近平同志深刻指出,我们党不断历经艰难困苦,仍然创造新辉煌的重要原因就是始终重视思想建党、理论强党,鲜明提出“增强党的思想引领力”的时代命题。

坚持和发展“枫桥经验”,要求党员干部用思想理论武装头脑，以思想自觉引领行动自觉。思想引领的关键是党员干部要把深化学习摆在首位，尤其是要把学习习近平新时代中国特色社会主义思想放在首位，认真领会核心要义，掌握精神实质，把其中的立场、观点、方法充分运用到基层社会治理工作中去，做到学而信、学而用、学而行，拧紧思想上的“总开关”，做真抓实干的模范。习近平同志强调，在前进道路上，我们一定要加强全党的理论武装。科学的理论武装是凝聚人心、团结向上的关键环节。“枫桥经验”是习近平新时代中国特色社会主义思想的重大成果，及时将“枫桥经验”上升到理论高度，让广大党员干部运用理论化的“枫桥经验”指导实践，对推广“枫桥经验”具有重要意义。

坚持和发展“枫桥经验”，要求党员干部提高自己的思想素质，通过提高思想素质实现素质引领。这就要求每个基层党员干部必须坚定信仰，树立理想，树立正确的价值观念，提高思想认识、思想觉悟和道德水平。从根本来源上讲，党的思想引领力源于理想的执着和信仰的坚定。坚定党员干部的理想信念是党的思想建设的首要任务。共产主义远大理想和中国特色社会主义共同理想，是中国共产党人的精神支柱，是保持党的团结统一的思想基础，也是基层党员干部的行动基础。

坚持和发展“枫桥经验”，就是要以党员自觉引领群众自觉。这就要求每个党员干部在武装自己头脑的同时武装人民群众的头脑，引领人民群众从思想上参与基层社会治理，提高人民群众参与基层社会治理的思想素质，让人民群众真正成为基层治理的主人。习近平同志在党的十九大报告中提出：“要牢牢掌握意识形态工作领导权。必须推进马克思主义中国化时代化大众化，建设具有强大凝聚力和引领力的社会主义意识形态，使全体人民在理想信念、价值理念、道德观念上紧紧团结在一起。”在枫桥等地，党的思想引领作用普遍深入到了群众当中。枫桥等地党员干部每一次具体的创新实践活动都是在生动形象地将党的思想理论和方针政策宣传给广大人民群众。

（三）组织引领

组织引领，就是通过基层党组织、党的干部和广大党员，组织和带领人民群众共同推进社会治理。党的组织引领是政治引领、思想引领的保证，将党的政治引领、思想引领落到实处。基层党组织的组织引领能力决定了政治引领的强度，也决定了思想引领的高度。健康向上充满活力的基层党组织能够充分向群众展现中央政治方针和政治路线的正确性，能够使党的思想焕发思想魅力，更能让党的思想在人民群众中生根发芽。

“枫桥经验”中党的组织引领首先表现在对基层治理工作的组织领导上。基层党组织坚持“以基层党建统领基层治理”，充分发挥自觉性和主动性，强化党群联动、干群联动，把党的领导体现在基层治理的最末梢。党委充分发挥总揽全局、协调各方的领导核心作用，着力形成党政主要领导亲自抓、分管领导具体抓、有关领导共同抓的基层社会治理领导格局;不断完善政法委抓组织协调、政法各部门密切配合、各有关部门各司其职、群团组织积极发挥作用、广大群众自觉参与的工作机制,构筑起基层社会治理的科学体系。

其次表现在基层党组织和党员队伍的自身建设上。通过发挥基层党组织的战斗堡垒作用和党员的先锋模范作用,引领人民群众和社会各方力量广泛参与基层治理实践。在基层治理中,加强基层党组织领导班子建设、加强干部队伍建设和党员队伍建设尤为重要。习近平同志强调:“打铁还需自身硬。”共产党员是基层党组织的主体,基层党组织的引领作用必须扎扎实实地落实到每一个党员带头参与基层治理的行动上。枫桥等地党员干部在实践过程中始终狠抓作风建设,将自身的组织建设与具体的治理组织建设有机地结合起来。同时,不断加强和提高各级党员干部的领导水平,形成长效机制,使其能够胜任新形势下新的领导任务。比如,诸暨市《关于建立村支部书记抓党建责任清单二十条的通知》明确将村支部书记作为抓党建责任清单的主体,将其纳入考核机制;年度考核排在末五位的视情况进行诫勉谈话、通报批评,直至启动免职程序。

“枫桥经验”中党的组织引领再次表现在坚持重心向基层下移、人员向基层挪动,密切党同人民群众的血肉联系上。比如,诸暨市在全市推行党员干部“一线工作法”,实行乡镇班子成员包村、乡镇干部住勤、一般干部驻村、全体干部联户制度，全市驻村干部进村入户率达95%。通过重心下移，强化基层党组织对基层社会治理的统领，坚持把党的政治优势、组织优势转化为治理优势。

二、人民主体

“枫桥经验”的价值核心是为了群众、依靠群众，即以人民为主体，以人民为中心。为了群众、依靠群众，是“枫桥经验”的价值本质，也是“枫桥经验”五十多年来历久弥新的关键所在。以人民为主体，以人民为中心，就是一切为了人民、依靠人民、造福人民、保护人民。在基层治理中，贯彻人民主体思想，才能实现治理理念和治理方法的统一。“枫桥经验”的人民主体思想体现在三个层面。

（一）一切为了人民

一切为了人民，是中国共产党的宗旨所在，是一切工作的出发点。这是立党之本，立国之本。习近平同志指出，中国共产党人的初心和使命，就是为中国人民谋幸福，为中华民族谋复兴。这决定了人民立场就是中国共产党的根本政治立场。我们党自成立之日起，就把坚持人民利益高于一切写在自己的旗帜上，把全心全意为人民服务作为根本宗旨，把实现好、维护好、发展好最广大人民的根本利益作为一切工作的出发点和落脚点。党的十九大报告指出：“必须坚持人民主体地位，坚持立党为公、执政为民，践行全心全意为人民服务的根本宗旨，把党的群众路线贯彻到治国理政全部活动之中，把人民对美好生活的向往作为奋斗目标，依靠人民创造历史伟业。”基层治理的任务就是牢牢把握、贯彻、践行“一切为了人民”这个根本宗旨。人民主体立场决定了“枫桥经验”的政治立场、逻辑起点和价值取向。“枫桥经验”从形成之初到现在，无论是改造四类分子、化解矛盾纠纷，还是维护治安稳定、推进社会治理，都围绕着“解决人民群众身边的问题”“解决人民群众的切身利益问题”的逻辑起点和价值前提。即便是针对“四类分子”的改造，目标也是考虑如何让他们成为符合时代要求的新人，方法上注意尊重和保障他们的基本权利，追求最佳的改造效果。

（二）一切依靠人民

按照马克思主义的观点，人民群众是历史的创造者，是历史的主体。党的十九大报告对“以人民为中心”这一重要命题的丰富内涵作了深入的阐述：人民是历史的创造者，是决定党和国家前途命运的根本力量。发动人民群众、依靠人民群众是党长期坚持、一以贯之的群众路线。密切联系群众是我们党的优良作风，只有坚持党的群众路线才能始终保持党同人民群众的血肉联系。习近平同志告诫全党：“我们党来自人民、植根人民、服务人民，一旦脱离群众，就会失去生命力。”“枫桥经验”的生命力就源于党的群众路线。“枫桥经验”是党的群众路线在基层社会治理的生动实践。

人民群众是“枫桥经验”的创造者。“枫桥经验”最早的内容就是发动广大群众参与,相信人民群众的力量,依靠群众对“四类分子”进行改造。虽然时代变了,科技发达了,但“枫桥经验”把专门工作与群众路线结合起来的做法没有变。坚持发展新时代“枫桥经验”,不能仅靠党委、政府自拉自唱,而是要把群众充分发动起来。说到底,坚持发展新时代“枫桥经验”,就是要不断塑造和培养基层社会治理的内生动力,真正让“枫桥经验”源于人民群众,真正让人民群众成为基层社会治理的主体力量。

(三)一切由人民来评判

基层治理的效果究竟如何,需要评判主体作出评价,这个主体就是人民群众。人民群众是一切治理活动的感受者和评判者,一切治理要将群众满意与否作为根本标尺。习近平同志多次强调,要以人民满意作为各项工作的检验标准。

人民群众满意与否不是抽象的标准,更不是空洞的口号。人民群众是否满意是看得见、摸得着的。一方面,人民群众的感受和评判贯穿于整个基层治理的各个具体环节。只要基层治理活动事关人民群众的切身利益,人民群众都会以各种方式表达自己是否满意。基层党委政府需要及时把握人民群众的评判动态,及时听取人民群众的意见,及时调整治理内容和方法,不能对人民群众的评判视而不见。另一方面,基层治理水平可以通过第三方评估进行评价。

各种治理的第三方量化评估就属于这类评估活动，把人民群众的满意度直接转化为量化评估指标，采取更为直观科学的方法对基层治理进行测量。这类评估活动也是“枫桥经验”的一种创新实践。随着大数据技术的应用，基层治理评估将会更加科学，并成为新时代“枫桥经验”的重要组成部分。

三、“三治”结合

“三治”结合是指在基层治理中综合运用自治、法治、德治三种方式，以形成系统化、协同化和一体化的体制机制，通过自上而下的政府引导和自下而上的社会参与，实现社会和谐稳定和社会成员福利持续增进的社会治理模式。自治、法治、德治“三治”结合是“枫桥经验”创新的最新成果，代表了新时代“枫桥经验”的发展方向，被写入党的十九大报告。新时代“枫桥经验”不再像20世纪60年代那样单纯地发动群众、依靠群众，而是强调自治、法治、德治相结合。自治是基层社会治理的“内生力”，重点是解决治理的主体和组织形式等问题，鼓励把群众能够自己办的事交给群众；法治是基层社会治理的“硬实力”，重点是解决治理的现实依据和手段问题，强调用法治思维谋划社会治理、构筑底线、定分止争；德治是基层社会治理的“软实力”，重点是解决治理主体和基层社会的道德修养问题，强化道德约束，达到“春风化雨”“润物无声”的效果。“三治”结合的目标是实现基层善治,基层善治为经济建设和社会发展等领域的改革创造良好的环境和动力。

(一)自治为基

自治是人民主体价值观的内容展开和落实。从人类法治文明的发展来看,自治实践是孕育法治社会的土壤;同时,自治也为道德教化提供了天然的制度保障。新时代“枫桥经验”注重健全以群众自治组织为主体、社会各方广泛参与的新型社区治理体系,促进民事民议、民事民办、民事民管。让普通群众能够参与到与自己切身利益相关的事务处理过程中,百姓就能够直观地了解事件处理的流程,感受到获得感和归属感。枫桥等地在自治方面主要围绕以下三方面做文章:

一是充分发挥基层群众自治组织的作用。基层治理制度无论如何改变,始终以群众自治和基层民主为根本逻辑。我国的基层自治是土生土长出来的民主制度,与西方社会的自治具有本质的区别,其实质是实现广大人民群众在党的领导下自己当家做主。基层自治组织不仅仅是议事和决策机构,更是基层文化教育机构。基层自治组织传播平等观念、民主思想和公民道德观念,使人民群众通过自身实践开展自我教育,不断提高自治能力。基层作为国家与社会的交接点,直面诸多矛盾的叠加蕴积。原有的一元主导治理选择以单方压制和利益诱导来实现基层社会的刚性稳定,难以根治国家与社会关系的错位、治理结构的混乱、基层民主性不足等结构性痼疾。枫桥等地村(社区)的重大事务都由党支部、(社区)委员会通过民主程序,吸收广大人民群众共同商议,集体决定,初步形成了多元主体共建共治的协商治理机制。基层群众自治的核心要义就是民主选举、民主决策、民主管理和民主监督。协商治理是民主决策与民主监督的辩证统一,弥补了群众自治在民主决策和民主监督方面的不足。发挥群众自治组织的作用,关键要提升人民群众自治能力,这就要求明确界定党组织的领导权、政府行政权和居民自治权,完善人民群众行使民主权利的程序和保障制度。协商治理模式是提升人民群众自治能力的有益尝试。

二是完善村规民约和社区公约,打牢自治基础。村民自治和社区公约的实质,就是将村民和市民组织起来,进行自我管理、自我教育、自我服务,实现自己的事自己做、大家的事大家办,共同办理好本村各项事务。规范村民自治和市民自治实践的基础文本包括村民自治章程和公约民约,它们是依据《村民委员会组织法》和其他相关法律法规制定产生的。村民自治章程和村规民约是以村民自我管理的方式,通过一套民主决策的程序制定出来的。制定或完善村规民约是一个广泛听取各方面意见和建议、集思广益、确保村规民约具有群众基础和生命力的过程。《中共中央关于全面推进依法治国若干重大问题的决定》要求:“发挥市民公约、乡规民约、行业规章、团体章程等社会规范在社会治理中的作用。”围绕中央的顶层设计，枫桥等地主要围绕以下几方面进行了有意义的探索：其一，在国家“硬法”的框架下，筑牢公约民约等“软法”治理的社会基础，实现公约民约与国家法的良性互动；其二，发挥公约民约治理的柔性、自律性、协商民主性、共同参与性、主体能动性等优势，在乡村和社区治理中发挥其自我约束和管理的作用，降低治理成本；其三，注重公约民约实施的实际效果，实现公约民约人人知、人人守、人人用，发挥公约民约在基层治理中的“习惯法”作用。

三是充分发挥社会组织的作用。《中共中央关于全面深化改革若干重大问题的决定》要求：“加快实施政社分开，激发社会组织活力，克服社会组织行政化倾向。适合由社会组织提供的公共服务和解决的事项，由社会组织依法提供和管理。依法加强对各类社会组织的监管，推动社会组织规范自律，实现政府治理和社会调节、居民自治良性互动。”社会组织如各种行业协会、文化团体、社会性公益组织等，在基层治理中各尽所能，作用越来越大，是实现基层自治不可缺少的力量。基层社会组织在改善民生、繁荣社会经济文化、化解社会矛盾、维护社会秩序、保护自然环境等各项基层治理工作中发挥着政府所不及的拾遗补阙的作用，体现在服务国家、服务社会、服务群众和服务行业四个方面。浙江省湖州市德清县等地努力构建以社区为综合平台、以社会组织为载体依托、以社会工作专业人才为支撑力量的“三社联动”机制,完善社会组织三级服务网络,形成多元融合治理的新模式。各社会组织逐步承接政府职能,通过政府购买服务的形式,促进政府群众性、社会性、公益性、服务性的社会职能向社会分流和转移。

(二)法治为本

新时代“枫桥经验”之所以“新”,一个突出特征是融入了法治元素。习近平同志指出:“要善于运用法治思维和法治方式解决涉及群众切身利益的矛盾和问题。”这也是新时代“枫桥经验”内涵中必不可少的内容。如果失去法治保障,自治无法顺利展开。一些矛盾和问题可以通过基层自治得到解决,但夸大自治的作用则会削弱基层治理的效果。界定自治与法治的边界,将自治引入法治轨道,做到依法自治,才更能巩固自治模式的长久运行。在基层治理过程中,要坚持以法治思维和法治方式破解治理难题,弘扬社会主义法治精神,扎实推进基层依法治理,形成办事依法、遇事找法、解决问题用法、化解矛盾靠法的良好法治环境。围绕基层法治,当前各地的工作重点主要体现在以下三个方面:

第一,强化宣传社会主义法治理念,培育社会主义法治精神。基层法治宣传教育的重点在于:一方面,培育领导干部的法治理念和思维,遵循法治思维、法治方式开展基层社会治理;另一方面,引导群众养成在法治轨道上主张权利、解决纷争的习惯。坚持法治宣传与法治实践相结合,将包括律师、志愿者以及社工组织在内的社会力量作为全民普法的生力军,充分发挥其主动性和积极性。

第二,整合法律资源,拓展法律服务领域。枫桥等地深入推进公共法律服务体系建设,实现县市区、镇(街道)、村(社区)三级公共法律服务平台全覆盖,着重提升服务水平,为基层群众提供公益、普惠、便捷的法律服务。鼓励、引导、要求公共法律平台工作人员以及法律顾问在“坐堂问诊”的同时深入基层,将法律法务精准送到群众生活的每个角落。

第三,坚持依法行政,加强公正司法。杭州余杭区最早出台制定法治评估标准、测评法治指数,引领量化法治先河。《中共中央关于全面深化改革若干重大问题的决定》规定:“建设科学的法治建设指标体系和考核标准。”诸暨市高度重视“枫桥经验”标准体系建设,把这项工作列入坚持发展“枫桥经验”三年行动计划(2016~2018年),坚持以打造“全国基层社会治理综合标准化示范区”为目标,扎实推进矛盾化解、公共安全、违法监督、公共服务、民主自治五方面建设,将依法行政要求纳入标准化体系。

《中共中央关于全面推进依法治国若干重大问题的决定》提出“公正是法治的生命线”,依法治国的一个重要任务就是“保证公正司法,提高司法公信力”。坚持和发展“枫桥经验”,就要以促进公平正义为目标,践行司法为民,不断构建开放、动态、透明的阳光司法体系。“枫桥经验”的启示是,要坚持司法为民,创新群众工作方法,构建以司法为中心的矛盾纠纷多元化化解机制,努力将问题解决在基层,将矛盾化解在源头,实现法律效果与社会效果的统一。以司法为中心的多元化纠纷化解机制,是多元价值、多元主体、多元标准、多元效果的体现,需要多元文化的支持。如果将纠纷解决方式分为诉讼和诉讼外两种,那么两者之间的关系必须是清晰明确的。尽管是多元的机制,司法中心地位也必须强化。枫桥等地的一个经验是加强诉讼和调解的对接工作,推动大调解格局的形成。“诉调对接”是一种在“诉的背景、诉的引导、诉的管理和诉的保障”下的特殊的人民调解。人民法院工作重心下移、工作力量向基层一线倾斜,着力发挥好人民法庭、社区巡回审判点等组织的作用,以“两庭一所”为依托,以综合治理网络为平台,建立诉调对接分中心,利用专职法官、人民调解员、村镇干部、社区干部等多种资源,把矛盾纠纷的调处和预防工作向社区、村组延伸,实现就地化解。

(三)德治为先

德治,就是要大力弘扬社会主义核心价值观,充分发挥中华优秀传统文化优势,通过乡贤、道德榜样、村规民约、家训家风、公序良俗的教化作用,引导人们行为,规范社会秩序,平息矛盾纠纷。从根本上来讲,良好基层生态的建立,中国基层社会的成熟,主要表现为基层道德水平的全面提高。提高整体道德水平是社会长治久安的最有效途径。法安天下,德润人心。德治和自治互为前提,德治和法治相得益彰。

注重弘扬社会主义核心价值观和中华优秀传统文化。党的十八大提出,倡导富强、民主、文明、和谐,倡导自由、平等、公正、法治,倡导爱国、敬业、诚信、友善,积极培育和践行社会主义核心价值观。培育和弘扬核心价值观,有效整合社会意识,是国家治理体系和治理能力的重要方面。基层德治要注重培育和运用社会主义核心价值体系和核心价值观,为推进社会治理体系和治理能力现代化提供坚实的道德支撑。传统是一个民族的整体生活方式与思维方式,是一种文化与价值系统,是一种信仰与权威。中国五千年文明创造了丰富的德治资源。孟子说:“出入相友,守望相助,疾病相扶持,则百姓亲睦。”这样的社会治理思想和智慧奠定了中国传统社会治理文化的基础,是中华民族宝贵的精神财富和智慧源泉。中国传统的“礼”被具体化为中华民族的道德行为规范和文明行为准则。传统乡土社会“以礼求和”的精神为我们今天的基层治理提供了值得借鉴的智慧。传统社会以无讼为追求,采取劝和、教化的方式解决纠纷,以减少讼累,广为民众接受,在平息社会纠纷、维持社会秩序方面发挥了重要作用,也为“枫桥经验”的德治建设提供了文化渊源。“国有国法,家有家规”。家风、家教、家训是中国社会延续家业兴旺的三大传统,是修身、齐家、处世、治国的重要载体,也是不同时代塑造伦理道德的社会基因。枫桥等地把树立家风民风摆在社会主义核心价值观的重要位置来抓,广泛开展孝德崇礼、勤俭节约、诚信友善等教育,讲好家风故事，传播治家格言，促进家庭和睦，少有所教，老有所养，让核心价值观在家庭里生根、在亲情中升华。

注重公约民约在德治中的作用。公约民约既是自治的基础，也是德治的具体内容。德治有很多物化形式，也有其文化符号系统。公约民约就是文化符号。公约民约从村民和市民日常生活逻辑中形成、生长，在文化深层结构上同村民日常生活方式存在相当程度的吻合性。公约民约是一种为村庄、社区整体或合作群体内部承认的共同体自定的规则，是一种合作性契约安排。公约民约作为一种超越家族规范的社区公共规范，以劝善惩恶、广教化而厚风俗为己任，以塑造淳善民风为主要内容，具有稳定基层社会秩序的功能。所谓德治，就是要充分运用公约民约这种体现道德规范的载体进行社会治理，发挥道德成风化人的社会规范作用，凝聚人民力量，提高人民素质，从而推动基层社会的和谐。

注重“乡贤”力量在德治中的作用。“乡贤”力量既是自治力量，也是德治力量。乡贤力量根植乡土、贴近村民和普通市民，蕴含着爱国爱乡、见贤思齐、崇德向善的力量。枫桥等地坚持传颂“古贤”、汇聚“今贤”、培育“新贤”、发挥“新乡贤”的示范引领作用。当代“乡贤”，既有因品德、才学为乡人推崇敬重的本土精英，也包括求学、经商而走出本土的离乡精英，以及市场经济环境下来到本地投资创业的异乡精英。“乡贤”借助自己在乡村和社区里的威望、品行以及才学承担起凝聚族群、延续文化的功能,不仅是基层优良道德的引导者和示范者,也是村民行为的监督者。“乡贤”在处理本土事务的同时,还在很大程度上承担着教化、化解矛盾、促进和谐等基层社会治理功能,是基层社会实现德治的重要力量。“乡贤参事会”是在继承和发展中国古代乡绅自治传统的基础上建立的一种利用基层精英人才资源参与社会治理的组织。“乡贤参事会”以“共谋共建、共享共治”为出发点,以“泽被乡邻、反哺乡里”为着力点,以“主动作为、主动引领”为关键点,以“村事民议、村事民治”为落脚点,打造基层自治、德治平台。

四、共建共治共享

共建共治共享,是新时代“枫桥经验”创新发展的基本格局和必然走向。在党和政府服务和引导的基础上,人民群众共同参与社会建设、共同参与治理活动,并共同分享建设治理成果。共建共治共享是基层治理的基本格局,也是“枫桥经验”的工作格局。要实现“共建共治共享”就必须不断创新社会治理机制和方式,最大限度地整合各种社会资源,充分发挥各类社会组织的作用,大力引导公众参与共建共治共享,促进形成政府有效治理和社会自我调节、公民广泛参与的良好局面,实现社会治理现代化。新时代“枫桥经验”的创新发展,要更加注重联动融合、开放共治,更加注重民主法治、科技创新,不断提高预测、预防各类风险的能力,不断提升基层治理的社会化、法治化、智能化、专业化水平，进一步增强人民群众的获得感、幸福感、安全感。

协同共治是我们党社会管理思想、社会治理思想的核心。党的十八大提出构建形成“党委领导、政府负责、社会协同、公众参与、法治保障”的社会管理体制。

党的十八大之后，习近平同志依据推进国家治理体系和治理能力现代化的总体战略思想和总体部署，提出用“社会治理”概念取代“社会管理”概念，提出广泛开展多层次、多领域依法治理活动，不断提高社会治理法治化水平。“管理”模式反映的是政府单一主体的活动，“治理”模式反映的是社会各个主体共同参与的活动。“治理和管理一字之差，体现的是系统治理、依法治理、源头治理、综合施策”。

党的十九大强调共建共治，对新时代社会治理作了富有深刻内涵的表述，提出要“打造共建共治共享的社会治理格局”。共建共治共享，讲的是整个社会治理的体制，基层社会治理也要体现“三共”。基层治理要更加突出强调“共治”，这符合基层治理的特点。“共建”“共治”“共享”三者之间既相互交融又互相促进。“共建”是基础，侧重社会治理制度和体系的建设。“共治”是关键，讲的是大社会观和大治理观，侧重党和政府总揽全局，协调各方资源，打造全民参与的开放式治理体系。“共享”是目标，是在“共建”和“共治”基础上而实现的结果。

(一)“共建”是基础

“共建”即共同参与社会建设,强调全社会意义上的建设和治理,包括:社会事业建设、社会法治建设以及社会力量建设。社会事业建设方面,要求本着政府主导和政社合作的原则,通过社会的政策安排,为包括社会组织在内的各种社会力量和各类市场主体,在教育、就业、医疗、卫生、社保等社会服务中发挥作用,创造条件与空间;社会法治建设方面,要求在相关法律法规乃至政策的制定中,在权利制度、财政制度、分配制度、社保制度的建设中,必须真正形成容纳社会各界和广大人民群众的民主参与机制;社会力量建设方面,不仅要求社会组织自身要具有更大的主动性,具有更多的社会建设和社会治理责任意识,而且政府应给予更多的信任、支持、助力,从而使社会力量得到发展。

(二)“共治”是关键

“共治”即共同参与社会治理,只有最基层的人民群众和社会组织才能最直接地参与一定地域范围内的村社治理活动。在现阶段,人们对于个人价值的实现更加关注,更加向往,因此党和政府要充分理解参与权是公民的宪法权,也是人性需求的组成部分。在物质匮乏的社会阶段,人们参与公共事务的意愿尚不突出。但是,在当前经济社会不断发展的背景下,面对今天新的社会矛盾,人民对于民主、法治、公平、正义和个人价值实现的愿望日益凸显。因此,党和政府要为人民广泛参与创造条件。

协同共治也是善治的核心。离开共治,善治就失去了其本质意义。善治是使公共利益最大化的社会治理过程,其中包含三个维度:以人为本、依法治理、公共治理。善治有若干重要指标。对政府来说,就是法治、透明、责任、回应、廉洁、有效;对民众来说,就是参与、公正。良好的社会治理就是一种在服务、协商、合作基础上的“善治”。善治的含义是在最大限度地增进公共利益的目标下,建立政府与社会之间的合作关系,它的本质是政府与社会对公共事务的协同共治,是国家与社会的一种新型关系,是国家权威与社会权威相融合的最佳状态。因此,共治是新时代“枫桥经验”工作格局的核心。

(三)“共享”是目标

“共享”即共同享有建设和治理成果。共建共治必共享。共享的治理成果包括政治成果、经济成果、生态成果、文化成果等各方面成果。习近平同志强调,我们追求的发展是造福人民的发展,我们追求的富裕是全体人民共同富裕。改革发展成不成功,最终的判断标准是人民是不是共同享受到了改革发展成果。因此,共享治理成果,一是党有决心,“只要还有一家一户乃至一个人没有解决基本生活问题,我们就不能安之若素;只要群众对幸福生活的憧憬还没有变成现实,我们就要毫不懈怠团结带领群众一起奋斗”。二是政府有思路,按照“守住底线、突出重点”的思路,保障低收入群体和弱势群体的基本生活。三是国家有共享的制度保障。可操作的良好制度是一切决心和理念的现实基础,只有民主和法治基础上的制度,才能为全体人民提供安全预期,在幼有所育、学有所教、劳有所得、病有所医、老有所养、住有所居、弱有所扶上不断取得进展。

共享,就是要特别强调公民在享有基本权利的同时享受到广泛的改革成果。保障公民基本权利是社会治理转型的关键,也是实现共治的关键,在一定程度上决定了社会治理的方向,关系社会治理能否达到善治的目标。造成现在很多基层社会矛盾与冲突的一个重大原因就是公民基本权利没有得到很好的保护。因此,保护公民的基本权利也是基层社会治理的要旨。公民权利是全体公民都应该享有的,是作为社会成员的基本资格,是作为社会成员分享治理和社会发展成果的资格和拥有文明生活条件的权利。这些权利包括:增进能力的权利、获得平等机会的权利、获得社会再分配的权利、社会参与权利等。具体而言,其中既包括了资源分配权、工作权、医疗卫生保健权、财产权、住房权、名誉权、教育权、被赡养权、平等的性别权,也包括了安全感、快乐感、幸福感的获得与满足等。离开这些具体权利,就谈不上共治共享。只有在具体权利共享上谈共治,才是真正意义上的共治。因此,共享也是新时代“枫桥经验”工作格局中不可或缺的一个面向。

五、平安和谐

“平安和谐”是新时代“枫桥经验”的目标，通过党建统领、人民主体、“三治”结合、共建共治共享形成良好的基层社会秩序和发展环境。“平安和谐”是共建共治共享的逻辑延伸。“枫桥经验”无论是统筹基层社会治安、平安建设问题、矛盾化解问题、基层社会治理等，说到底都具有目的性价值或者目标导向，这个目标就是“平安和谐”。“就地化解矛盾”是“枫桥经验”的本源性内容，但发展了的“枫桥经验”早已不限于化解矛盾，而是必须着眼于平安建设、和谐社会构建。“平安和谐”符合习近平同志的平安中国、和谐中国、法治中国思想。

（一）“平安”是“枫桥经验”贯穿始终的目标

“枫桥经验”诞生之初，其目标从“捕人少、治安好”逐渐过渡到“小事不出村、大事不出镇、矛盾不上交”。2004 年，中共浙江省委决定建设“平安浙江”，由此开始，“枫桥经验”被赋予了新的时代内涵。之后习近平同志多次强调，要把创新发展“枫桥经验”贯穿于“平安浙江”的建设始终，使平安建设各项工作基础更扎实、成效更明显。“枫桥经验”和“平安浙江”建设为之后的“平安中国”“法治中国”建设，以及习近平新时代中国特色社会主义思想提供了最初的实验场域和实践落脚点。党的十八大以来，习近平同志多次指出，社会治理的重心必须落到城乡社区，要深化基层组织建设,加强基础性制度建设,夯实平安建设根基。枫桥等地党委政府深入贯彻平安建设思想,把“枫桥经验”贯彻落实到经济、政治、文化、社会和生态文明建设之中,有效疏导社会情绪、化解矛盾纠纷、管控社会风险、激发社会活力,实现了“大平安”的目标。

深化平安建设,重点在基层,难点在基层,希望也在基层。基层平安建设是一项固本强基的任务,是一项根本性、战略性任务。“枫桥经验”以民生促民安,努力把各类矛盾和问题解决在基层、解决在萌芽状态,夯实平安建设的根基。

(二)“和谐”是“枫桥经验”平安目标的升华

“和谐”是对立事物之间在一定的条件下具体、动态、相对、辩证的统一,它是不同事物之间相同相成、相辅相成、相反相成、互助合作、互利互惠、互促互补、共同发展的关系。这是辩证唯物主义和谐观的基本观点。“和谐”概念和“枫桥经验”概念在本质上是相通的。和谐社会的特征体现了新时代“枫桥经验”追求实现的目标:民主法治、公平正义、诚信友爱、充满活力、安定有序、人与自然和谐相处。“平安”是“和谐”的基础条件,“和谐”是“平安”的更高形态。“和谐”不仅包含了人与人之间的和谐、党群和谐、民政和谐、人与自然和谐,还包括了干群关系、利益调整、分配共享等多个方面。

和谐社会是人类孜孜以求的一种美好社会,是马克思主义政党不懈追求的一种社会理想。党的十六大和十六届三中、四中全会，从全面建设小康社会、开创中国特色社会主义事业新局面的全局出发，明确提出构建社会主义和谐社会的战略任务，并将其作为加强党的执政能力建设的重要内容。党的十六大报告第一次将“社会更加和谐”作为重要目标提出。党的十六届四中全会进一步提出构建社会主义和谐社会的任务。本次宪法修改把和谐中国、美丽中国纳入“五大中国”中，和谐中国上升到宪法意义上的目标范畴。实践证明，“枫桥经验”在不同历史时期、不同历史阶段对促进社会和谐发挥了重要作用，社会和谐也是“枫桥经验”取得的丰硕成果。

中国特色社会主义进入新时代，人民美好生活需要日益广泛，不仅对物质文化生活提出了更高要求，而且在民主、法治、公平、正义、安全、环境等方面的要求日益增长。社会主要矛盾的变化对建设和谐社会的任务提出了更高要求，也对“枫桥经验”的创新发展提出了更高要求。为了实现平安和谐目标，坚持发展新时代“枫桥经验”必须以法治为鲜明特色，必须以共建共治共享为基本格局，必须一以贯之地贯彻人民主体思想，必须把群众利益作为出发点和落脚点，必须坚持一切为了人民，一切依靠人民，一切让人民评判。

第三章　习近平新时代中国特色社会主义思想引领“枫桥经验”创新发展

“枫桥经验”是在习近平新时代中国特色社会主义思想，特别是其社会治理思想引领下创新发展的。习近平社会治理思想是在深刻把握基层社会治理规律、系统总结基层社会治理经验、科学凝练基层社会治理理论的基础上形成的，具有鲜明的时代特征和深厚的历史底蕴，是习近平新时代中国特色社会主义思想的重要组成部分。

“枫桥经验”在21世纪的创新发展与习近平社会治理思想密切相关。一方面，“枫桥经验”及其在各地的实践成果为习近平社会治理思想的萌发、形成、发展及其体系化、成熟化提供了现实基础和源头活水；另一方面，正是由于习近平同志高度重视“枫桥经验”，善于系统总结、全面推广、创新发展“枫桥经验”，才使“枫桥经验”能够不断适应经济社会发展变化和社会主要矛盾深刻变化，适应构建和谐社会、平安社会、法治社会、全面小康社会的时代需要，满足人民日益增长的美好生活需要，从而与时俱进、转型升级、历久弥新，不断焕发新的生机活力，成为新时代基层社会治理的好经验、好典范。

习近平同志对“枫桥经验”高度关注和重视，倍加珍惜和爱护。据不完全统计，习近平同志曾42次在重要讲话、指示中强调要学习推广、创新发展“枫桥经验”，其中担任浙江省委书记期间37次，担任党和国家主要领导人后5次。不仅如此，习近平同志还两次对“枫桥经验”在浙江的生动实践进行系统总结和全面阐述，不断丰富发展“枫桥经验”的理论品格、思想内涵和时代特征，并对学习推广“枫桥经验”提出明确的实践要求，从而使“枫桥经验”从浙江治理经验上升为大国治理思想，成为我们党治国理政的重要经验，成为习近平新时代中国特色社会主义思想的有机组成部分。

第一节　习近平党的全面领导思想领航“枫桥经验”发展道路

在党的十九大报告中，习近平同志把“中国特色社会主义最本质的特征是中国共产党领导，中国特色社会主义制度的最大优势是中国共产党领导”作为新时代中国特色社会主义思想“八个明确”的压轴内容，强调党是最高政治领导力量，提出了新时代党的建设总要求。同时，把“坚持党对一切工作的领导”作为新时代坚持和发展中国特色社会主义“十四条”基本方略的第一条，强调“党政军民学，东西南北中，党是领导一切的”。在阐述新时代中国共产党的历史使命时，指出“四个伟大”中起决定性作用的是党的建设新的伟大工程，强调必须毫不动摇坚持和完善党的领导，毫不动摇把党建设得更加坚强有力。在谈到新时代党的建设总要求时，提出要坚持和加强党的全面领导，强调坚持党中央权威和集中统一领导是党的政治建设的首要任务，等等。这些重要论述总结历史、立足现实、面向未来，深刻阐述了党的全面领导的重大意义、丰富内涵和实践要求，对于确保党始终成为中国特色社会主义事业的坚强领导核心具有重大而深远的意义。

在加强党的全面领导和全面加强党的建设中，习近平同志尤其重视党的基层组织建设，重视基层党组织的作用发挥。他指出，“做好基层基础工作十分重要，只要每个基层党组织和每个共产党员都有强烈的宗旨意识和责任意识，都能发挥战斗堡垒作用、先锋模范作用，我们党就会很有力量，我们国家就会很有力量，我们人民就会很有力量，党的执政基础就能坚如磐石”。围绕基层党建，习近平同志提出了一系列新理念新思想。“治国安邦重在基层，党的工作最坚实的力量支撑在基层，最突出的矛盾和问题也在基层，必须把抓基层、打基础作为长远之计和固本之举。”“党的基层组织制度建设改革，着力点是使每个基层党组织都成为坚强战斗堡垒，它的政治功能要充分发挥。”“牢固树立大抓基层的鲜明导向，推动基层建设全面进步、全面过硬，让党的旗帜在每一个基层阵地上都高高飘扬起来。”“必须从最基本的东西抓起,从基本组织、基本队伍、基本制度严起,在打牢基础、补齐短板上下功夫,推进党建工作理念创新、机制创新、手段创新,让支部在基层工作中唱主角。”这些重要思想和重要论述为新形势下加强基层党建指明了方向、提供了根本遵循,也为“枫桥经验”的创新发展提供了根本保证。

回顾55年的发展历程,“枫桥经验”从形成之初发展到现在,都始终处于党的领导之下,这既是政治优势,也是根本保证。基层党组织是我们党治国理政的神经末梢,是基层治理的“领头雁”。“枫桥经验”在新时代实现创新发展,至关重要的一条就是坚持党建统领,使基层党组织建设与基层治理有机衔接、良性互动,通过政治领导、组织引领、能力引领、机制引领,以党的建设贯穿基层治理、保障基层治理、引领基层治理。落实到实践中,把村级党组织核心树起来,选优配强村“两委”班子,特别是村党支部书记这个“带头人”。发挥党员干部在基层管理服务中的先锋模范作用,把党组织的服务管理触角延伸到社会治理的每个末梢。

第二节　习近平以人民为中心的思想筑牢“枫桥经验”本质属性

新时代“枫桥经验”的本质在于其人民性,习近平同志

“以人民为中心”的思想赋予其本质属性。习近平同志以人民为中心的思想经历了一个发展的过程,从“以人为本”发展到“人民主体”,后来进一步明确为“以人民为中心”。

2003 年最初提的是“以人为本”,将“坚持以人为本”作为建设“平安浙江”的指导原则之一,要求“着眼于人的全面发展,不断满足人民群众日益增长的物质文化需要,切实保障人民群众的经济政治文化权益,关爱生命,关心健康,关注安全,努力提高人民群众的思想道德素质、科学文化素质和健康素质,积极为人民群众创造平等发展、安居乐业、和谐稳定、能够充分发挥聪明才智的社会环境,真正让改革发展的成果惠及广大群众”。〔1〕将“坚持以人为本”作为建设“法治浙江”的一项基本原则,强调“坚持一切权力属于人民,以最广大人民的根本利益作为出发点和落脚点,尊重和保障人权,做到执法为民”。〔2〕针对学习推广“枫桥经验”,提出“创新‘枫桥经验’,就要始终坚持全心全意为人民服务的宗旨,坚持和发扬专门工作与群众路线相结合的优良传统,切实做到权为民所用、情为民所系、利为民所谋;就要不断创新密切联系群众的有效载体,推动各级领导干部深入基层、深入实际、深入群众,调解纠纷,化解矛盾,理顺情绪,维护稳定;就要积极探索服务群众的多种途径,真心诚意地

---

〔1〕习近平:《建设“平安浙江”促进社会和谐稳定——在省委十一届六次全体(扩大)会议上的报告》,2004 年 5 月 10 日。

〔2〕《中共浙江省委关于建设“法治浙江”的决定》,2006 年 4 月中共浙江省第十一届委员会第十次全体会议通过。

为群众办实事、解难题、做好事，满腔热情地解决人民群众工作和生活中的实际问题，努力实现富民、安民、乐民、康民；就要相信和依靠群众，充分发挥群众自我教育、自我管理、自我约束的本质力量，让社会和谐稳定，让群众安居乐业；就要大力推动有关部门转变执法理念，更新管理方式，增加服务意识，做到严格执法、依法管理、热情服务，在执法、管理和服务的各个环节更好地体现公平、正义和文明”。[1]

习近平同志担任党的总书记以后，将这一思想发展为“坚持人民主体地位”，主要涵盖了以下思想：一是始终把人民放在心中最高位置，牢记为人民服务的宗旨。他明确要求，“坚持党的群众路线，坚持人民主体地位，时刻把群众安危冷暖放在心上，及时准确了解群众所思、所盼、所忧、所急，把群众工作做实、做深、做细、做透”“正确处理最广大人民根本利益、现阶段群众共同利益、不同群体利益的关系，切实把人民群众利益维护好、实现好、发展好”。二是坚持以人为本，树立科学的政绩观和发展观。提出“衡量领导干部的政绩观、发展观的标准是能否坚持求真务实，为人民群众真心诚意办实事，坚持不懈做好事，尽心竭力解难事”。强调领导干部树政绩的根本途径是将人民群众的眼前利益和长远利益结合起来，尊重客观规律，按客观规律办事，脚

---

〔1〕 习近平：《创新“枫桥经验”维护社会稳定——在纪念毛泽东同志批示“枫桥经验”40周年暨创新“枫桥经验”大会上的讲话》，2003年11月25日。

踏实地工作，领导干部树政绩的根本目的是为人民谋利益。三是充分尊重人民主体地位和首创精神，努力实现共享人生精彩的中国梦。习近平同志指出，“中国梦是民族的梦，也是每个中国人的梦”“实现中华民族伟大复兴的中国梦，就是要实现国家富强、民族振兴、人民幸福”。中国梦是全体中国人民的梦，必须紧紧依靠人民才能实现。必须“坚持人民主体地位，发挥人民首创精神，着力解决好人民群众最关心最直接最现实的利益问题，不断让人民得到实实在在的利益，充分调动人民群众的积极性、主动性、创造性”。概括而言，以人民为主体，就是“为了人民，依靠人民”。

党的十九大前后，习近平同志对“以人为本”思想、“人民主体”思想做了进一步发展，将其明确为“以人民为中心的发展思想”，主要涵盖了以下思想：一是发展为了人民，“始终把人民放在心中最高位置”“检验我们一切工作的成效，最终都要看人民是否真正得到了实惠，人民生活是否真正得到了改善，人民权益是否真正得到了保障”。二是发展依靠人民，“人民是历史的创造者，人民是真正的英雄”。坚持以人民为中心的发展思想，除了坚持发展为了人民之外，还必须尊重人民的主体地位，发挥人民的首创精神，从人民群众的实践智慧中汲取发展的力量源泉，“充分尊重人民所表达的意愿、所创造的经验、所拥有的权利、所发挥的作用”。三是发展成果由人民共享，“人民对美好生活的向往，就是我们的奋斗目标”。落实共享发展理念归结起来就是两个层面的问题：“一是充分调动人民群众的积极性、主动性、创造性，举全民之力推进中国特色社会主义事业，不断把‘蛋糕’做大。二是把不断做大的‘蛋糕’分好，让社会主义制度的优越性得到更充分体现，让人民群众有更多获得感。”这就要求我们“必须坚持以人民为中心的发展思想，把增进人民福祉、促进人的全面发展作为发展的出发点和落脚点”。

新时代“枫桥经验”恰恰是在以人民为中心的思想指引下创新发展起来的。从以对敌斗争为中心，发展到以维稳为中心，再转向以人民为中心。以人民为中心的思想赋予了“枫桥经验”本质特征，赋予了“枫桥经验”历史内涵、时代内涵。以人民为中心的发展思想、治理思想、执政理念，虽然不是专门针对“枫桥经验”提出的，但“枫桥经验”的创新发展始终贯彻了这一思想。实现好、维护好、发展好最广大人民的根本利益，是“枫桥经验”的本质所在、生命力所在。

随着我国社会主要矛盾的变化，人民群众对社会治理、平安建设、法治建设的需求也发生了许多新的变化，相应地，治理的主体、治理的方式也在发生转变，但坚持以人民为中心，一切为了群众、一切依靠群众，始终是“枫桥经验”不变的初心。

新时代的“枫桥经验”是以人民为中心的基层社会治理。主要表现在以下五个方面：一是坚持人民群众是社会治理主体。人民是社会治理的主要力量，是社会治理的主要参与者和实践者。坚持人民主体地位,发挥人民群众首创精神,党委政府不再自拉自唱,而是把人民群众充分发动起来,为人民群众提供参与社会治理的各种机会,塑造和培养基层社会治理的内生动力。二是充分相信群众、依靠群众。实施科学民主决策,问需于民、问计于民、问绩于民。不仅要强调“亲情化服务、人性化治理”,更要高度重视人民群众参与社会治理政策的制定、实施、监督的全过程。三是坚持基层民主自治理念。充分发挥社区自我治理、自我服务、社会援助、民主参与功能,建立完善社区自治的各种规章制度,居民通过社区认识到共同的需求和利益,居民以志愿者身份参与社区公益活动,许多公共事务依靠居民的积极参与解决。四是以满足人民群众需求为导向,更加突出民生保障源头治理。加强对弱势群体、困难人群的扶助关爱,加强对失业下岗人员、流动人口、未就业的大学生、残障工伤职业病人群、离退休人群、破产企业人群、文盲无业人群等弱势群体,以及刑满释放人员、流浪人员、闲散青少年等特殊人群的管理服务,让他们老有所安、弱有所助、急有所济、危有所帮。五是切实保障人民群众的基本权利。保障每一个社会成员分享社会发展成果的资格和拥有文明生活的权利,尤其是增进能力的权利、获得平等机会的权利、获得再分配和补偿的权利、社会参与的权利。保证个体人民能够通过各种社会组织、自治组织实现自主决策、自主发展,使社会治理真正回归到人民这个真正的主体手中。

第三节 习近平群众路线思想使“枫桥经验”得以守正创新

“枫桥经验”诞生之初就是发动和依靠群众就地解决矛盾的经验。毛泽东同志认为“枫桥经验”回答了两个问题：一是群众是怎样懂得这样做的；二是依靠群众办事是个好办法。这两点道出了群众工作的精髓，相信群众、依靠群众，唤起群众的自觉，激发群众的力量，才能化解矛盾、破解难题，实现长治久安。习近平同志也是将“枫桥经验”和党的群众路线放在一起来思考的。在“纪念毛泽东批示‘枫桥经验’50 周年大会”作出的重要批示中，他明确要求各级党委和政府要充分认识“枫桥经验”的重大意义，发扬优良作风，适应时代要求，创新群众工作方法，善于运用法治思维和法治方式解决涉及群众切身利益的矛盾和问题，把“枫桥经验”坚持好、发展好，把党的群众路线坚持好、贯彻好。纵观“枫桥经验”55 年的发展历程，尽管其在不同的历史时期有不同的表现形式，但万变不离其宗，就是坚持走群众路线，从群众中来，到群众中去，把群众工作的触角延伸到千家万户，抓源头、抓苗头、抓基础，把矛盾化解在基层、把问题解决在当地、把隐患消除在萌芽状态，实现一方的和谐平安。群众路线是“枫桥经验”的本质所在，依靠群众、发动群众,是坚持和发展“枫桥经验”的基本途径。

习近平同志继承并发展了“一切为了群众,一切依靠群众,从群众中来,到群众中去,把党的正确主张变为群众的自觉行动”这一党的群众路线的精髓,同时把依靠群众、发动群众建立在更高的基础之上,高度尊重人民群众的主体地位、发展需要、首创精神和自治能力,真正把人民作为治理的主体而不是对象。他强调,“人民是历史的创造者,人民是真正的英雄”“坚持人民主体地位,发挥人民首创精神,着力解决好人民群众最关心最直接最现实的利益问题,不断让人民得到实实在在的利益,充分调动人民群众的积极性、主动性、创造性”“要自觉拜师人民、尊重人民、依靠人民”“要始终坚持问政于民、问计于民、问需于民”。由一般意义上的“尊重群众、相信群众、向群众学习”,上升为发自内心地尊重人民群众的主体地位,尊重人民群众的智慧和创造,将人民群众作为治理的主体,激发自治活力。

习近平群众路线思想对“枫桥经验”的创新性发展,集中体现在人民群众作为社会治理主体的作用得以充分彰显,民间力量得以淋漓尽致地发挥。党委政府发挥好在社会治理中的主导作用,同时大力培育并支持社会组织参与社会治理,突出社会组织、基层自治组织和人民群众在社会治理中的主体地位,激发社会自治、自主、能动力量,形成党委、政府与社会力量互联、互补、互动的社会治理体系。浙江省各地大力培育孵化各类社会组织,涵盖社区建设、矛盾化解、环境卫生、治安巡逻、心理服务、困难救助、预防犯罪、矫治帮教等各个领域，覆盖各个阶层、各类人群。同时，通过政府采购、定向委托等方式向社会组织购买服务，支持社会组织在基层治理中发挥实质性作用，解决了许多政府想管又管不了的难题。尤其是在民意诉求整合表达、社区协商和公共决策、预防化解矛盾纠纷、弥补政府公共服务失灵、应对突发公共安全事件等方面，发挥了不可替代的作用。广大人民群众自我管理、自我服务、自我提升的热情空前高涨，参与社会治理的能动性、创造性得到充分调动，初步实现了社会治理过程让群众参与、成效让群众评判、成果让群众共享。在治理模式上，也从党委政府自上而下层层压实责任，发展到更加注重发挥基层干部群众的首创精神，积极鼓励和支持基层大胆实践、敢于担当、勇于创新，激发民间智慧，破解基层治理难题。

第四节　习近平和谐社会、和谐中国思想彰显“枫桥经验”目的性价值

促进社会和谐是“枫桥经验”的重要价值。回顾“枫桥经验”的发展历程，无论是20世纪60年代中期依靠群众改造流窜犯和帮教失足青年，“十年动乱”结束后在全国率先给“四类分子”摘帽，改革开放后专群结合、群防群治、预防

化解矛盾、维护社会治安，还是现在作为加强和创新社会治理的经验，完善矛盾纠纷多元化解机制，推进重大决策法治化……归根结底都是定分止争、促进社会和谐。55年来的实践充分证明，无论在哪一个历史时期，“枫桥经验”都在促进社会和谐方面彰显了独特优势，发挥了重要作用。和谐是“枫桥经验”的目的性价值所在。

习近平同志主政浙江期间，贯彻中央关于构建社会主义和谐社会的部署，在浙江实施“促进和谐社会建设工程”，形成了有关和谐社会的一系列重要思想。担任党和国家主要领导人之后，习近平同志又提出和谐中国的思想，将和谐中国与富强中国、民主中国、文明中国、美丽中国一道，共同作为中国梦的重要组成部分。习近平和谐社会、和谐中国思想的融入，使“枫桥经验”的目的性价值进一步得以彰显。

习近平同志有关和谐社会的思想形成于他在浙江工作期间，主要观点包括：(1)促进和谐社会建设的总体思路，即发展固和谐、民主促和谐、文化育和谐、公正求和谐、管理谋和谐、稳定保和谐，推动社会建设与经济建设、政治建设、文化建设协调发展。[1] (2)“以人为本，构建和谐社会”，指出以人为本是社会和谐的最高价值理念，和谐社会就是众人共建、众人共享的理想社会状态。要求切实把人的全面发展贯穿于经济社会发展之中，更好地为人民服务，塑造有利

〔1〕 参见习近平：《推进社会主义和谐社会在浙江的实践》，载人民网：http://politics.people.com.cn/GB/1026/4927705.html，最后访问日期：2018年8月20日。

于社会和谐的人文精神，处理好各种人民内部矛盾。[1] (3)“努力解决民生问题，促进社会和谐稳定”，强调要真正把为民办实事的重点放在解决好民生问题、实现社会公平、完善体制机制、促进社会和谐稳定上，不断增强为民办实事的工作实效。[2] (4)“加强基层基础工作，是构建社会主义和谐社会之基”，指出构建社会主义和谐社会，重心在基层，基层是社会的细胞，是构建和谐社会的基础。他在阐述和谐社会的性质与基层关系时指出，和谐社会是民主法治的社会，基层历来是民主政治的发源地和实验田；民主精神的培育、民主素质的锻炼、民主实践的操作，都是在基层产生、在基层发展、在基层得到检验的；人民群众的素质觉悟越高，民主素养越好，基层民主机制越健全，社会就越和谐稳定。[3]

在这一阶段，习近平同志把创新发展“枫桥经验”纳入促进和谐社会建设之中。和谐思想的融入，也推动了“枫桥经验”由单纯地化解矛盾纠纷的经验上升为维护社会和谐稳定、促进经济社会协调发展的经验。更加注重源头治理，把改革发展成果更多惠及百姓，从源头上预防减少社会矛

---

〔1〕 参见习近平：《推进社会主义和谐社会在浙江的实践》，载人民网：http://politics.people.com.cn/GB/1026/4927705.html，最后访问日期：2018年8月20日。

〔2〕 参见习近平：《努力解决民生问题 促进社会和谐稳定》，载中国共产党新闻网：http://cpc.people.com.cn/GB/64093/64102/5247942.html，最后访问日期：2018年8月20日。

〔3〕 参见习近平：《基层民主越健全，社会越和谐》，载《人民日报》2006年9月25日。

盾。加快推进以改善民生为重点的社会建设,建立健全涉及经济社会发展、民生权益保障等重大事项的听证、风险评估、决策效果评价机制,倾听民意、化解民忧,形成从源头上、决策上、制度上预防和化解社会矛盾,促进社会和谐的良性机制。正确处理发展与稳定的关系,一手拿经济报表,一手拿平安报表,做到经济社会发展与平安建设同步促进,运用"枫桥经验"促进经济发展。运用"枫桥经验"的基本精神,进一步提高科学判断形势、化解社会矛盾、应对风险挑战的能力,统筹解决发展过程中遇到的各种矛盾和问题。针对外来务工人员大量涌入带来的安全和管理难题,加强对流动人口的服务管理,包括流动人口的党团组织建设、工会入会、自治组织建设,推行居住出租房屋旅馆式管理等一系列服务管理措施,实现本地人口与外来人口的和谐。针对经济发展带来的环境破坏,认真践行"绿水青山就是金山银山"的"两山"理论,打造"枫桥经验"的生态版,实现人与自然的和谐。

党的十九大报告提出,要按照产业兴旺、生态宜居、乡风文明、治理有效、生活富裕的总要求,建立健全城乡融合发展体制机制和政策体系,勾勒出和谐中国的新景象,也推动"枫桥经验"在新时代的发展更加体现和谐价值,既充分发挥"枫桥经验"在基层治理方面的功能,又充分发挥"枫桥经验"在服务保障经济社会发展方面的功能,实现二者相得益彰。将基层治理融入经济社会发展全局,在保障民生的过程中预防化解矛盾，以社会治理的成效护航经济社会发展，呈现出经济发展与社会稳定同步推进、人民群众获得感幸福感与安全感同步提升的良好局面。

第五节 习近平平安建设思想提升“枫桥经验”的功能作用

习近平同志在浙江工作期间，科学分析浙江所处的新阶段，面临的新形势、新任务、新挑战和人民群众的新期盼，作出建设平安浙江的重大战略决策，在全国最早提出并全面部署“大平安”战略，形成了有关平安建设的一系列理论成果：(1)创建“大平安”。以前的平安主要指社会治安综合治理层面的平安，重点包括社会稳定、社会治安、安全生产三个方面内容。习近平同志根据构建社会主义和谐社会的新要求，回应人民群众对政治稳定、经济发展、文化繁荣、社会安定、环境良好、公平正义的新期待，以及浙江作为市场经济先发地区在社会治安、公共安全等方面出现的新情况、新问题，提出创建“大平安”，使平安浙江建设超越了社会治安层面。明确指出，“小康社会是平安社会，富裕安定是人民群众的根本利益，致富与治安是领导干部的政治责任”。[1]他特别强调，平安浙江中的“平安”不是狭义的“平安”，而是涵盖了经济、政治、文化和社会各方面宽领域、大范围、多层面的广义“平安”。[2]（2）建设平安浙江的总体目标和具体目标。建设平安浙江的总体目标是实现“五个更加”，即经济更加发展、政治更加稳定、文化更加繁荣、社会更加和谐、人民生活更加安康。具体目标是“六个确保”：一是确保社会政治稳定，以民主法制建设和防范、打击敌对势力的渗透破坏活动为核心，确保政权的稳固和政治安全；二是确保治安状况良好，主要任务是坚持打防结合、综合治理，切实解决刑事案件和治安案件高发多发的突出问题，确保社会治安秩序良好，切实增强群众的安全感；三是确保经济运行稳健，建立和维护良好的市场经济秩序，及时消除经济领域的不稳定因素，确保经济安全；四是确保安全生产状况稳定好转，贯彻安全发展理念，进一步强化各项安全生产措施，避免重特大事故发生，维护正常的生产生活秩序；五是确保社会公共安全，提高应对各类自然灾害、事故灾害、公共卫生事件、社会安全事件等突发事件和公共危机的能力，及时消除和化解这些事件对整个社会正常秩序、公共安全的威胁和影响；六是确保人民安居乐业，包括新增就业、增加收入、改善居住条件、健全社会保障制度、切实保护公

---

〔1〕《浙江省委书记习近平：小康社会应该是平安社会》，载《人民公安报》2004 年 2 月 23 日，第 1 版。

〔2〕《习近平同志在省委十一届四次全体（扩大）会议上作报告时的插话（部分）》，载《今日浙江》2003 年第 14 期。

民合法权益等方面。[1]

在为什么要抓平安建设问题上，习近平同志深刻指出，这一着眼于“大平安”的决策部署，实际上是对构建社会主义和谐社会的探索和实践。深化平安浙江建设，构建和谐社会，主要着力点还是要围绕社会和人的全面发展，加强社会建设和管理，大力发展社会事业，促进社会全面进步。这些重要论述清晰地回答了全面建成小康社会阶段，乃至更长远的历史时期中国社会改革往何处去、如何推进等问题。2013 年年初，习近平同志提出建设平安中国的目标，要求把平安中国建设置于中国特色社会主义事业发展全局中来谋划，确保中国特色社会主义事业在和谐稳定的环境中推进。强调要统筹考虑国际国内、内政外交、网上网下、维权维稳等各方面因素，统筹做好维护政治安全、经济安全、文化安全、社会安全、信息安全等各方面工作；要着眼于最大限度地增加和谐因素、最大限度地增强社会发展活力，紧紧围绕完善和发展中国特色社会主义制度、推进国家治理体系和治理能力现代化的总目标，坚持系统治理、依法治理、综合治理、源头治理，创新社会治理体制，改进社会治理方式，提高社会治理水平，全面推进平安中国建设，确保人民安居乐业、社会安定有序、国家长治久安。从平安浙江到平安中国，习近平同志关于平安建设的一系列重要论述，充分体现

---

〔1〕 参见习近平：《建设“平安浙江”促进社会和谐稳定》，载《今日浙江》2004 年 5 月 10 日。

了立场观点方法上的一以贯之、思想内涵上的前后相继、思考问题方法上的系统辩证，体现了对国情、省情的深刻把握，体现了对平安建设、社会治理工作规律性的深刻把握。

习近平同志关于创建“大平安”、建设平安浙江、建设平安中国的思想，推动了“枫桥经验”从一般的化解矛盾的做法上升到整个平安建设的抓手，实现了功能上的拓展。浙江干部群众自觉践行习近平同志的指示和浙江省委部署要求，各级党委始终把坚持发展“枫桥经验”、深化“平安浙江”建设作为“一把手”工程，作为各级领导干部的“第一责任”，作为加强和创新群众工作的具体实践，摆到经济、政治、文化、生态建设的总体布局中来谋划和推进。以正确的政绩观和群众满意为评价标准，形成了“一手抓经济发展、一手抓社会稳定”的良好格局，使浙江成为全国城乡差别最小、区域发展最为协调、最平安的省份之一。

第六节　习近平依法治省、依法治国思想推进“枫桥经验”法治化转型

习近平同志一向重视法治的重要作用。早年在正定、宁德工作时，就对农村法制建设、在法制轨道上解决民主等问题作出过重要论述。在浙江工作期间，习近平同志作出建设“法治浙江”的重大决策部署，主持制定《中共浙江省委

关于建设“法治浙江”的决定》，把“法治浙江”建设作为深入实施“八八战略”的重要内容和重要保障来谋划、来推动，取得了丰富的理论成果、制度成果和实践成果。

围绕“法治浙江”建设，习近平同志提出了一系列核心观点和代表性理论，如（1）“法治建设以人民的根本利益为出发点和落脚点”，强调建设“法治浙江”必须坚持以人为本，坚持一切权力属于人民，以最广大人民的根本利益为出发点和落脚点，尊重和保障人权，做到执法为民。扩大基层民主，完善保障公民权益的体制机制，健全权利救济和维护机制，确保人民的政治、经济、文化权益得到切实尊重和保障。〔1〕（2）“坚持法治与德治并举”，认为法律与道德，历来是建立公序良俗、和谐稳定社会的两个保障。依法治国是维护社会秩序的刚性手段，以德治国是维护社会秩序的柔性手段，只有把两者有机地结合起来，才能有效地维护社会和谐，保障社会健康协调地发展。〔2〕（3）“广泛地动员和组织人民群众依法管理国家和社会事务”，提出依法治省必须最广泛地动员和组织人民群众依法管理国家和社会事务，管理经济和文化事业，维护和实现人民群众根本利益；强调大力推进基层民主政治建设，浓厚基层民主法治氛围，畅通社情民意渠道，疏导理顺群众情绪。（习近平同志在纪念毛

〔1〕 参见《中共浙江省委关于建设“法治浙江”的决定》，载《浙江日报》2006年5月8日，第1版。

〔2〕 参见习近平：《坚持法治与德治并举》，载习近平：《之江新语》，浙江出版社2007年版，第206页。

泽东同志批示“枫桥经验”40周年暨创新“枫桥经验”大会上的讲话,2003年11月25日)。(4)“市场经济必然是法治经济”,提出市场经济要健康发展离不开法治上的保障,推进法治建设的一个重要动因,就是要反映和坚持社会主义先进生产力的发展要求,坚持为社会主义市场经济服务,坚持平等、自由、正义、效率等社会主义市场经济内在价值的追求。[1] (5)“和谐社会本质上是法治社会”,认为只有把在社会生活的基本方面纳入法治的调整范围,经济、政治、文化和谐发展与社会全面进步才有切实的保障,整个社会才能成为一个和谐的社会。[2] (6)“坚持科学维权观”,提出坚持科学维权,关键是要做到以人为本、依法办事、统筹协调……要牢固树立依法执政、依法行政和依法办事的法治理念,把维权工作纳入法治化的轨道。(7)“弘扬法治精神,形成法治风尚”,努力把法治精神、法治意识、法治观念熔铸到人们的头脑之中,体现于人们的日常行为之中。培养人们的理性精神、诚信守法的精神、依法维权和依法解决纠纷的习惯。[3] (8)“党的领导是法治的根本保证”,认为要在党的领导下建设社会主义法治。法治建设绝不是削

〔1〕 参见习近平:《市场经济必然是法治经济》,载习近平:《之江新语》,浙江人民出版社2007年版,第203页。

〔2〕 参见习近平:《和谐社会本质上是法治社会》,载习近平:《之江新语》,浙江人民出版社2007年版,第204页。

〔3〕 参见习近平:《弘扬法治精神,形成法治风尚》,载习近平:《之江新语》,浙江人民出版社2007年版,第205页。

弱党的领导，而是要从理念上更好地强化党的意识、执政意识、政权意识，从制度上、法律上保证党的执政地位，通过改善党的领导来更有效地坚持党的领导、加强党的领导，通过完善党的执政方式来更有效地提高党的执政能力、保持党的先进性。[1] 这些重要思想构成习近平法治思想和社会治理思想萌发、形成和发展的重要成果。其中许多重要思想在习近平同志担任党和国家的主要领导人后得到延续和进一步深化，在他建设“法治中国”及“全面推进依法治国”的思想中得以充分体现，从建设“法治浙江”到建设“法治中国”在思想上一脉相承。

在主政浙江期间，习近平同志把“枫桥经验”作为建设法治浙江的重要抓手，强调坚持把学习推广“枫桥经验”与贯彻依法治国基本方略，推进依法治省各项工作，加强基层民主建设有机结合起来，与推进以德治省，加强公民思想道德建设有机结合起来，创造良好的法治环境，提高公民的综合素质，促进社会主义物质文明、政治文明和精神文明协调发展；强调创新“枫桥经验”，就要在推进依法治省中，把加强党的领导、人民当家做主和依法治国有机结合起来，最广泛地动员和组织人民群众依法管理国家和社会事务，管理经济和文化事业，维护和实现人民群众的根本利益；就要大力推进基层民主政治建设，浓厚基层民主法治氛围，畅通社

---

〔1〕 参见习近平：《党的领导是法治的根本保证》，载习近平：《之江新语》，浙江人民出版社2007年版，第207页。

情民意渠道，疏导理顺群众情绪；就要广泛开展普法宣传教育，进一步完善普法工作机制，不断提高人民群众的法治素质。（习近平同志在纪念毛泽东同志批示“枫桥经验”40周年暨创新“枫桥经验”大会上的讲话，2003年11月25日）。按照习近平同志的要求，浙江全省深入实施基层依法治理理念，开展以民主法治村（社区）建设为载体的基层依法治理工作，93%的村（社区）配备了法律顾问，95%的村（社区）达到村务公开民主管理规范化建设标准，营造了全社会尊法、学法、守法、用法的良好氛围。大力开展农村法治宣传教育，加强对村“两委”班子成员、党员、村民小组长、村民代表的法治教育，大力推进法治长廊等乡村法治文化阵地建设，落实普法责任制。

在担任党和国家主要领导人以后，习近平同志提出全面推进依法治国，建设法治中国，强调发挥法治的引领和保障作用，坚持运用法治思维和法治方式解决矛盾和问题，提高社会治理的社会化、法治化、智能化、专业化水平，坚持系统治理、依法治理、综合治理、源头治理，健全自治、法治、德治相结合的乡村治理体系，这些都为“枫桥经验”在新时代向法治化方向发展指明了方向。强化法治的保障作用，一方面，注重强化法律在维护群众权益、化解社会矛盾中的权威地位，以法治思维和法治方式破解难题，创造依法律按程序公正有效解决矛盾问题的社会环境。推进重大决策法治化，依法畅通信访渠道，推行领导干部下访制度，依法分类处理群众信访诉求,实行诉访分离。建立完善覆盖城乡居民、覆盖县乡村三级的法律服务、法律援助、法律顾问等公共法律服务体系。引导社会成员养成在法治轨道上主张权利、解决纷争的习惯,遵循法治思维、法治方式开展基层社会治理。另一方面,将法治渗透到自治和德治中,潜移默化地发挥作用。例如,加强基层民主协商的规范化、程序化建设,完善村级民主议决事制度,通过最广泛动员群众参与决策,从源头防止矛盾发生。以法治精神指导村规民约、社区公约的制定修订,对村规民约、社区公约进行法律体检,删除与法律规定相悖的旧规约。将国家法律中关于环境保护等规定嵌入到村规民约中,“让国家的事成为村民自己的事”。

习近平同志依法治省、依法治国、建设法治浙江、法治中国的思想融入“枫桥经验”,使其发生历史性的变化,实现本质性的飞跃,超越过去单纯的群防群治色彩,转型为以法治思维、法治方式化解矛盾、促进和谐的经验,提升了“枫桥经验”的法治内涵。

第七节 习近平法治社会思想指引“枫桥经验”向治理型深刻变革

“法治社会”这一概念是习近平同志在浙江工作时就提出的法治理论概念。当时,他发表一篇题为《和谐社会本质上是法治社会》的文章,[1]阐述了法治与和谐社会建设的内在关系。他认为,只有把在社会生活的基本方面纳入法治的调整范围,经济、政治、文化和谐发展与社会全面进步才有切实的保障,整个社会才能成为一个和谐的社会。[2] 他还认为,和谐社会本质上是民主法治的社会。只有不断推进人民民主,提高法治化水平,才能确保发展健康安全、人民安居乐业、社会安定有序、国家长治久安。(习近平同志在浙江省十届人大五次会议闭幕时的讲话,2007 年 2 月 3 日)。依据习近平同志阐述的逻辑,法治国家与法治社会是互为依存、相辅相成的,法治国家引领法治社会,法治社会为法治国家构筑坚实的社会基础。建设法治社会,必须大力推进法治文化建设,培育和践行社会主义核心价值观,深入开展法治宣传教育,在全社会弘扬法治精神,增强法治观念,厚植法治信仰,使尊法、信法、守法、用法成为全体人民的共同追求和自觉行动。建设完备的法律服务体系,积极推进公共法律服务体系建设,统筹城乡、区域法律服务资源,加强民生领域法律服务,加大对困难群众的法律援助,满足人民群众日益增长的法律服务需求。推进基层和社会组织依法参与社会治理,坚持人民主体地位,深化多层次、多领域法治创建活动,引导和保证基层群众依法自治,推动

[1] 参见习近平:《之江新语》,浙江人民出版社 2007 年版,第 204 页。

[2] 参见习近平:《和谐社会本质上是法治社会》,载习近平:《之江新语》,浙江人民出版社 2007 年版,第 204 页。

社会组织依法自律。持之以恒地推进平安中国建设,为人民群众创造安居乐业的法治环境。建设法治社会的基本要求是,国家依法治理、社会依法自治、全民自觉守法、矛盾依法化解、建设平安中国。

担任党的总书记之后,他更加强调法治社会建设,2012年12月4日,习近平在纪念现行宪法施行30周年大会上的讲话中提出“坚持依法治国、依法执政、依法行政共同推进,坚持法治国家、法治政府、法治社会一体建设”〔1〕。2013年2月23日,在中央政治局就全面推进依法治国进行第四次集体学习时,他再次强调要坚持法治国家、法治政府、法治社会一体建设,不断开创依法治国新局面。〔2〕2013年10月,党的十八届三中全会通过的《中共中央关于全面深化改革若干重大问题的决定》明确提出推进法治中国建设,并把法治社会与法治国家、法治政府并列作为法治中国的核心要素。2014年10月,党的十八届四中全会通过的《中共中央关于全面推进依法治国若干重大问题的决定》把“增强全民法治观念,推进法治社会建设”作为全面依法治国的重大方面和重大举措。习近平同志在关于该决定的说明中分别

〔1〕《习近平:在首都各界纪念现行宪法公布施行30周年大会上的讲话》,载http://www.xinhuanet.com/politics/2012-12/04/c_113907206_2.htm,最后访问日期:2018年7月7日。

〔2〕参见《习近平在中共中央政治局第四次集体学习时强调依法治国依法执政依法行政共同推进 法治国家法治政府法治社会一体建设》,载http://news.163.com/13/0225/05/8OHLN96F00014AED.html,最后访问日期:2018年7月7日。

从“推动全社会树立法治意识”“推进多层次多领域依法治理”“建设完备的法律服务体系”“健全依法维权和化解纠纷机制”[1]等方面作出了推进法治社会建设的基本途径和实施方式。2015 年 10 月，党的十八届五中全会通过的《中共中央关于制定国民经济和社会发展第十三个五年规划的建议》进一步提出“加快建设法治经济和法治社会，把经济社会发展纳入法治轨道”。[2] 这些重要论述和决策体现出习近平同志关于法治社会的思想的深化和成熟。

建设法治社会，一要各级党政机关实施依法治理，提高社会治理法治化水平，把法治作为社会治理的基本方式，运用法治思维和法治方式进行社会治理。二要加快形成科学有效的社会治理体制，善于运用法律调节社会关系、规范人们的行为，依法化解社会矛盾、维护社会稳定、促进社会和谐，保障人民安居乐业。三要发展律师、公证等法律服务业，统筹城乡、区域法律服务资源，建设覆盖城乡居民的公共法律服务体系，加强民生领域法律服务，完善法律援助制度，健全司法救助体系，保证人民群众及时有效地获得法律帮助。四要支持和鼓励社会依法自治。法治社会建设需要全社会共同参与，构建

---

〔1〕《习近平在中共中央政治局第四次集体学习时强调依法治国依法执政依法行政共同推进 法治国家法治政府法治社会一体建设》，载 http://news.163.com/13/0225/05/8OHLN96F00014AED.html，最后访问日期：2018 年 7 月 7 日。

〔2〕《中共中央关于制定国民经济和社会发展第十三个五年规划的建议》，载 http://news.cnr.cn/native/gd/20151103/t20151103_520379989.shtml，最后访问日期：2018 年 7 月 26 日。

全民共建、共治、共享的社会治理格局。法治作为善治和共治,为公民、社会组织等各类社会主体通过自我协商、平等对话、参与社会治理、依法解决社会问题留出了广阔空间。在支持社会组织自治的同时,要加快社会组织立法,为社会组织的成立和运行提供明确的法律依据;建立社会组织联合执法机制,加大对社会组织违法违规行为的查处力度;推进社会规范建设,加快完善各种“民间法”、行业协会规范、市民公约、乡规民约、团体章程等“软法”性质的社会规范,充分发挥各种社会规范在社会治理和社会建设中的积极作用。五要在全社会形成守法光荣、违法可耻的社会氛围,使法治精神得以弘扬,法治文化得以形成,广大公民、法人成为社会主义法治的忠实崇尚者、自觉遵守者、坚定捍卫者。

习近平建设法治社会的这些思想理论促进了“枫桥经验”转型升级,即向法治化、治理化的转型升级。在“枫桥经验”的转型升级过程中,一个十分显著的变化是,基层社会经历了从社会管制到社会管理的转型。党的十八大之后,习近平同志依据推进国家治理体系和治理能力现代化的总体战略思想和总体部署,提出用“社会治理”概念取代“社会管理”概念。2013 年,党的十八届三中全会通过的《中共中央关于全面深化改革若干重大问题的决定》,首次提出“社会治理”的概念、提出提高社会治理水平的重要命题,强调创新社会治理,必须着眼于维护最广大人民根本利益,最大限度增加和谐因素,增强社会发展活力,提高社会治理水平;

要求创新社会治理体制，改进社会治理方式，加快形成科学有效的社会治理体制，并提出坚持系统治理、依法治理、综合治理、源头治理的新要求。[1] 2014 年 10 月，党的十八届四中全会通过的《中共中央关于全面推进依法治国若干重大问题的决定》进一步提出要“推进多层次多领域依法治理”“推进基层治理法治化”。[2] 习近平同志深刻指出：“治理和管理一字之差，体现的是系统治理、依法治理、源头治理、综合施策。”[3] 与“管理”比较，“治理”的思想更深刻、内涵更丰富，指引我国由传统社会管理体系向现代社会治理体系的跨越。枫桥等地人民以习近平社会治理思想为指引，积极探索从“社会管理”走向“社会治理”的新思路、新机制和新路径，在坚持系统治理、依法治理、综合治理、源头治理的过程中，形成了具有中国特色、现代特征的基层社会治理的新经验。

第八节 习近平重心在基层的思想夯实“枫桥经验”基础

社会治理的重心在基层、法治社会建设的重心也在基

---

〔1〕 参见《〈中共中央关于全面深化改革若干重大问题的决定〉辅导读本》，人民出版社 2013 年版，第 49～50 页。

〔2〕 《〈中共中央关于全面推进依法治国若干重大问题的决定〉辅导读本》，人民出版社 2014 年版，第 27 页、第 37 页。

〔3〕 《推进中国上海自由贸易试验区建设加强和创新特大城市社会治理》，载《人民日报》2014 年 3 月 6 日，第 1 版。

层。“枫桥经验”的精髓就是基层治理，无论是毛泽东同志概括的“发动和依靠群众，就地化解矛盾，实现捕人少、治安好”的“枫桥经验”，还是习近平同志称道的“抓基层、打基础、建机制、架网络、明责任、强保障”，“最大限度地把问题解决在基层，努力做到小事不出村，大事不出镇，矛盾不上交”的“枫桥经验”，都着眼其基层性、基础性，都把它作为有效维护基层社会稳定的社会治理的典型。[1]

无论是在地方工作，还是在中央工作，习近平同志始终把基层治理，特别是乡村治理作为重中之重。2003 年习近平同志对出席全省社会主义新农村建设会议的领导干部语重心长地指出，“枫桥经验”的实质就是标本兼治、综合治理，依靠群众、预防为主，把矛盾和纠纷化解在基层，把问题和困难解决在基层。[2] 2006 年他在《求是》杂志发表的《加强基层基础工作 夯实社会和谐之基》集中体现了他的社会治理重心在基层的思想。习近平同志强调“三个立足”，即立足及早发现和及时化解，认真做好矛盾纠纷预警、预测工作；立足基层，深入群众，做到工作重心下移；立足抓早、抓小、抓苗头，坚持矛盾纠纷的集中排查和经常性化解相结合，使人民调解与行政调解、司法调解协调发展，形成化解

---

〔1〕 参见习近平：《创新“枫桥经验”，维护社会稳定》，载《法制日报》2004 年 2 月 8 日，第 4 版。

〔2〕 参见习近平：《加强基层基础工作 夯实社会和谐之基》，载《求是》2006 年第 21 期。

矛盾纠纷的综合优势。[1] 强调要强化基层预防化解矛盾纠纷的力量,不断延伸调解网络。[2] 习近平同志指出,加强社会治安综合治理,是加强社会管理、促进社会和谐稳定的重要内容;创新发展“枫桥经验”,坚持“小事不出村、大事不出镇、矛盾不上交”,妥善处理人民内部矛盾,防止个别问题群体化、内部问题社会化、局部问题扩大化,使社会管理不疏漏、不缺失,社会稳定有基础、有保障。他强调,各地在创新发展“枫桥经验”中探索乡镇普遍设立综治中心,实行综治进民企、领导干部下访接待群众制度等,其实质就是标本兼治、综合治理,依靠群众、预防为主,把矛盾和纠纷化解在基层,把问题和困难解决在基层。[3] 习近平同志在 2005 年 3 月 8 日接受《法制日报》采访时强调,学习、推广和创新“枫桥经验”要坚持预防在先、工作在前,努力把不稳定因素解决在基层、解决在内部、解决在萌芽状态。

习近平同志明确指出,构建社会主义和谐社会,重心在基层,基层是社会的细胞,是构建和谐社会的基础。他就加强基层基础的重要性提出“三个有利于”[4]的观点。他在阐

---

〔1〕 参见习近平:《妥善化解社会矛盾 全力维护社会稳定》,载《求是》2004 年第 3 期。

〔2〕 同上。

〔3〕 参见习近平:《加强基层基础工作 夯实社会和谐之基》,载《求是》2006 年第 21 期。

〔4〕 “三个有利于”:夯实基层基础,有利于形成强大的社会凝聚力,逐步筑牢稳定合理的社会结构;有利于正确处理人民内部矛盾,维护社会的安定团结;有利于推进基层民主,加强社会主义民主政治建设。参见习近平:《构建和谐社会要突出四种机制建设》,载国际在线:http://news.cri.cn/gb/3821/2005/03/04/107@469216.htm,最后访问日期:2018 年 8 月 10 日。

述和谐社会的性质与基层关系时指出，和谐社会是民主法治的社会，基层历来是民主政治的发源地和实验田；民主精神的培育、民主素质的锻炼、民主实践的操作，都是在基层产生、在基层发展、在基层得到检验的；人民群众的素质觉悟越高，民主素养越好，基层民主机制越健全，社会就越和谐稳定。[1]

习近平同志高度重视“加强基层班子和队伍建设”，强调指出，基层组织是党执政的基石，基层干部是党和国家干部队伍的基础；要把基层党组织建设作为组织建设的支撑点，发挥其在和谐社会建设中的组织和推动作用。他要求，把提高基层干部的能力水平和推进勤政廉政建设作为组织建设的重点，发挥基层干部在和谐社会建设中的引领和示范作用。[2] 习近平同志还强调，要创新发展新时期“枫桥经验”，必须坚持工作重心下移，强化社会治安综合治理，着力提高农村基层干部运用行政、经济和法律等手段管理基层事务、处理矛盾纠纷的能力，努力创造农村安定祥和、农民安居乐业的和谐环境。（习近平同志在省委建设社会主义新农村专题学习会上的讲话，2006 年 3 月 23 日）。

习近平同志在党的十九大报告中进一步提出，加强农村基础工作，加强农村基层基础工作，健全自治、法治、德治

---

〔1〕 参见习近平：《基层民主越健全，社会越和谐》，载《人民日报》2006 年 9 月 25 日，第 10 版。

〔2〕 同上。

相结合的乡村治理体系;[1]加强社区治理体系建设,推动社会治理重心向基层下移,发挥社会组织作用,实现政府治理和社会调节、居民自治良性互动。[2]

枫桥等地人民牢记习近平同志基层是重心的社会治理思想,始终坚持“小事不出村、大事不出镇、矛盾不上交”的基本精神,着力整合基层社会力量,按照不低于当地流动人口 500∶1 的比例统一配备流动人口专职协管员,总结推广实施网格化管理办法,实现人本化服务。2003～2007 年,枫桥受理的各类矛盾纠纷中,调处成功率达 91%,其中在村级化解矛盾纠纷占总量的 80% 以上(中共诸暨市委调研组:《以矛盾少治安好发展快 推进平安和谐新农村建设——新的历史起点上“枫桥经验”创新发展情况的调查报告》,2008 年)。注重完善组织功能,充分发挥基层村居委组织自治作用;发挥新乡贤在新农村建设中的示范作用;新型社会组织全面参与社会治理,自我管理、自我服务,弥补政府公共管理服务方面的“短板”,实现自治自律;乡规民约、城市公约、社区公约在基层社会治理、促进和谐中发挥着不可替代的作用;探索“网格化管理,组团式服务”新模式,形成基层政府、执法司法机构、村级组织、新型社会组织之间协作配合、协调互动的良好局面。大力推进“民主法治村”建设,通过开展“十百千”工程,推进“民主法治村”建设,即用 3 年时间

[1] 参见《党的十九大报告辅导读本》,人民出版社 2017 年版,第 32 页。
[2] 同上书,第 48 页。

培养10名具有高等学历的专业法制辅导员，100名村干部法制辅导员，1000名基层学法用法带头人，截至2008年所辖28个行政村全部创建为三星级“民主法治村”。大力推进基层组织建设，培养学有所长、心胸宽广、品德高尚的服务型新农村建设型干部，切实抓好村组织规范化建设，做到村村有办公场地、天天有干部值班、事事按规范操作，确保村级有人办事、有人管事、有人干事（中共诸暨市委调研组：《以矛盾少治安好发展快 推进平安和谐新农村建设——新的历史起点上“枫桥经验”创新发展情况的调查报告》，2008年）。通过这些制度建设，枫桥镇进一步深化了“枫桥经验”的内涵，更加夯实了“法治枫桥”的基础。

第九节　习近平新型德治思想激活“枫桥经验”内在的德治文化基因

“枫桥经验”包含德治文化基因。在枫桥、诸暨、绍兴乃至浙江全省，历来就有德治传统。习近平的新型德治思想不仅激活了“枫桥经验”内在的德治文化基因，而且使其充满新社会新时代的生命力。

习近平同志历来倡导和推动法治与德治相结合，强调法治和德治并举。2006年5月19日，他发表了《坚持法治与德治并举》的文章，集中体现了他所倡导的德法并举思想。在文中，他强调，法治与德治是车之两轮、鸟之两翼；依法治国是维护社会秩序的刚性手段，以德治国是维护社会秩序的柔性手段，只有把两者有机地结合起来，才能有效地维护社会的和谐，保障社会健康协调地发展。[1] 他还强调要将“坚持法治与德治相结合”作为建设“法治浙江”的一项基本原则，要求全省各级党组织、全体党员、公务员和全省人民一体遵循。在法德并举思想的指引下，浙江各地坚持依法治理和以德治理相结合，深入开展多层次、多形式法治和德治创建活动，支持各类社会主体自我约束、自我管理，发挥市民公约、乡规民约、行业规章、团体章程等社会规范在社会治理中的积极作用。

习近平同志担任中共中央总书记以后，在全国范围内大力推进依法治国和以德治国相结合，并把这一思想和经验提升为中国特色社会主义法治发展的基本原则。他指出，“法律是成文的道德，道德是内心的法律”“法律和道德……在国家治理中都有其地位和功能。法安天下，德润人心。法律有效实施有赖于道德支持，道德践行也离不开法律约束。法治和德治不可分离、不可偏废，国家治理需要法律和道德协同发力”“法律是准绳，任何时候都必须遵循；道德是基石，任何时候都不可忽视。在新的历史条件下，我们要把依法治国基本方略、依法执政基本方式落实好，把法

---

〔1〕 参见习近平：《坚持法治与德治并举》，载习近平：《之江新语》，浙江人民出版社2007年版，第206页。

治中国建设好，必须坚持依法治国和以德治国相结合，使法治和德治在国家治理中相互补充、相互促进、相得益彰，推进国家治理体系和治理能力现代化”。要坚持把依法治国和以德治国结合起来，高度重视道德对公民行为的规范作用，引导公民既依法维护合法权益，又自觉履行法定义务，做到享有权利和履行义务相一致。[1] 习近平总书记主持制定的《中共中央关于全面推进依法治国若干重大问题的决定》提出，“必须坚持一手抓法治、一手抓德治”；既重视发挥法律的规范作用，又重视发挥道德的教化作用；以法治体现道德理念、强化法律对道德建设的促进作用，以道德滋养法治精神、强化道德对法治文化的支撑作用；实现法律和道德相辅相成、法治和德治相得益彰；大力弘扬社会主义核心价值观，弘扬中华传统美德，培育高尚的社会主义道德情操。

枫桥等地人民深刻把握习近平同志关于法律和道德、法治与德治的科学论述，把现代法治与新型德治有机结合，推进“枫桥经验”向着国家和社会治理现代化的方向深化和发展。

第十节　习近平新时代社会治理思想指引“枫桥经验”创新发展新方向

经过长期的探索和实践，习近平同志社会治理思想更

[1] 参见习近平：《习近平谈治国理政》，外文出版社2014年版，第141页。

加体系化、科学化，党的十九大报告有关加强和创新社会治理的论述是其集中体现。在党的十九大报告中，习近平同志指出：“打造共建共治共享的社会治理格局。加强社会治理制度建设，完善党委领导、政府负责、社会协同、公众参与、法治保障的社会治理体制，提高社会治理社会化、法治化、智能化、专业化水平。加强预防和化解社会矛盾机制建设，正确处理人民内部矛盾。树立安全发展理念，弘扬生命至上、安全第一的思想，健全公共安全体系，完善安全生产责任制，坚决遏制重特大安全事故，提升防灾减灾救灾能力。加快社会治安防控体系建设，依法打击和惩治黄赌毒黑拐骗等违法犯罪活动，保护人民人身权、财产权、人格权。加强社会心理服务体系建设，培育自尊自信、理性平和、积极向上的社会心态。加强社区治理体系建设，推动社会治理重心向基层下移，发挥社会组织作用，实现政府治理和社会调节、居民自治良性互动。”“加强农村基层基础工作，健全自治、法治、德治相结合的乡村治理体系。”在中央全面依法治国委员会第一次会议上，习近平总书记进一步指示，要结合新的形式推广“枫桥经验”，加快形成共建共治共享的现代基层社会治理新格局。在这些论述中，有关“三共格局”“三治”结合的思想源于包括“枫桥经验”在内的社会治理实践经验，又为“枫桥经验”在新时代的创新发展指明了方向和路径。

“共建共治共享”思想是对枫桥等地人民群众长期以来

社会治理实践探索的经验总结和科学概括。浙江是“三共”思想的实践源头和思想萌发地。习近平同志在主政浙江期间,就曾提出建立政府调控机制同社会协调机制互联、政府行政功能同社会自治功能互补、政府管理力量同社会调节力量互动的社会管理“三互”网络,形成对全社会进行有效覆盖和全面管理的体系(习近平同志在浙江省委贯彻胡锦涛总书记重要讲话精神专题学习会上的讲话,2005 年 4 月 29 日)。提出要发挥各类社会组织的作用,形成社会管理和社会服务的合力,并强调不仅要加强党政组织在社会管理和服务中的职能作用,还要发挥好各类社会组织的积极作用;不仅要发挥好人民政协组织以及工会、共青团、妇联等人民团体的桥梁和纽带作用,还要注重发挥其他社团、行业组织和社会中介等民间组织的有益作用。[1] 到中央工作以后,习近平同志仍然关注浙江的经济社会发展和社会治理创新。2011 年 3 月 8 日,习近平在看望全国人大浙江代表团代表时指出,要根据经济转型发展给社会建设带来的新情况,大力推进社会建设和社会管理创新,发挥各方面作用,建立规范有序、公正合理、互利共赢、和谐稳定的劳动关系和社会关系。2015 年 5 月,习近平同志在浙江调研时指出,“社会建设要以共建共享为基本原则,在体制机制、制度政策上系统谋划,从保障和改善民生做起,坚持群众想什

---

〔1〕 习近平:《加强基层基础工作 夯实社会和谐之基》,载《求是》2006 年第 21 期。

么、我们就干什么”。[1] 2015 年 10 月，习近平同志主持党的十八届五中全会通过《中共中央关于制定国民经济和社会发展第十三个五年规划的建议》，该建议明确提出了“人人参与、人人尽力、人人享有，构建全民共建共享的社会治理格局”。“全民共建共享”为“共建共治共享”奠定了思想理论基础。

“三治”结合思想源于浙江等地创造的经验，又是对这些经验的理论升华。构建自治、法治、德治相结合的乡村治理体系是习近平社会治理思想的重要内容。“三治”结合理论是在深刻把握基层社会治理规律、系统科学总结基层社会治理实践经验的基础上提出的新鲜理论，是对桐乡学习推广“枫桥经验”，打造法治、自治、德治相结合的“三治合一”模式实践探索的理论概括。2013 年，浙江省桐乡市在学习推广、创新发展“枫桥经验”的进程中率先探索“法治为要、德治为基、自治为本”的“三治合一”建设，打造法治、德治、自治相结合的基层社会治理的“桐乡样本”，旨在建立“严格执法、公正司法、全民守法”的法治建设体系，“以评立德、以文养德、以规促德”的德治建设体系，“自我管理、自我服务、自我监督”的自治建设体系，从而健全“党委领导、政府负责、社会协同、公众参与、法治保障”的社会治理新格

〔1〕《习近平在浙江调研时强调 干在实处永无止境 走在前列要谋新篇》，载《人民日报》2015 年 5 月 28 日。

局。[1] 2017 年 6 月，中共中央、国务院发布《关于加强和完善城乡社区治理的意见》，提出“充分发挥自治章程、村规民约、居民公约在城乡社区治理中的积极作用，弘扬公序良俗，促进法治、德治、自治有机融合”。[2] 2017 年 10 月，习近平同志在党的十九大报告中明确提出“健全自治、法治、德治相结合的乡村治理体系”。将桐乡人民提出的“法治、自治、德治”顺序调整为“自治、法治、德治”，更加符合我国社会主义民主政治制度，符合依法治国基本方略，符合以德治国文化传统，为推进城乡社区治理体系现代化开辟了新境界。2018 年中央政法工作会议认为，坚持自治、法治、德治相结合，是新时代“枫桥经验”的精髓，也是新时代基层社会治理创新的发展方向。[3] 2018 年 6 月 26 日，中共中央、国务院发布《乡村振兴战略规划(2018~2022 年)》，也在“健全现代乡村治理体系”部分明确提出“促进自治法治德治有机结合”“坚持自治为基、法治为本、德治为先，健全和创新村党组织领导的充满活力的村民自治机制，强化法律权威地位，以德治滋养法治、涵养自治，让德治贯穿乡村治理全过程”。最近一年，枫桥等地人民以“自治、法治、德治相结合”

---

〔1〕《桐乡首创的“自治、法治、德治”写入十九大报告》，载《嘉兴日报》2017 年 10 月 19 日，第 3 版。

〔2〕《中共中央国务院关于加强和完善城乡社区治理的意见》，载 http://www.gov.cn/zhengce/2017-06/12/content_5201910.htm，最后访问日期：2018 年 7 月 8 日。

〔3〕《聚焦中央政法工作会议》，载 http://wemedia.ifeng.com/46397105/wemedia.shtml，最后访问日期：2018 年 7 月 8 日。

的思想为指引，不断强化自治的基础作用，健全以群众自治组织为主体、社会各方广泛参与的新型社区治理体系，促进民事民议、民事民办、民事民管；强化法治的保障作用，设立村级法治大讲堂，引导社会成员养成依法主张权利、解决纷争的习惯，遵循法治思维、法治方式开展基层社会治理；强化德治的引领作用，充分发挥中华优秀传统文化优势，大力弘扬社会主义核心价值观，制定村民行为约束“负面清单”和劝导式“正面清单”；通过乡贤、道德榜样、村规民约、家训家风、生活礼俗的教化作用，引导人们行为，规范社会秩序，平息矛盾纠纷。

习近平新时代加强和创新社会治理的思想，为推进社会治理体系和治理能力现代化提供了根本性指导思想，也必将引领“枫桥经验”发生新的历史性变革，续写“枫桥经验”的新时代篇章，构建基层社会治理的“枫桥理论”，为中国基层社会治理提供枫桥范本，为全球基层社会治理展示“中国样本”。

第四章　“枫桥经验”的形成、发展和深化

“枫桥经验”源于浙江诸暨枫桥干部群众的伟大创造和政法工作的生动实践，形成于我国社会主义建设时期，发展于我国改革开放新时期，创新于中国特色社会主义新时代，大致经历了“社会管制——社会管理——社会治理”三个发展阶段，目前正在实现转型升级、推进社会善治。“枫桥经验”形成阶段主要是社会管制的经验，在农村社会主义教育运动中，按照毛泽东同志依靠群众和教育人、改造人的思想，对“四类分子”就地进行管制、教育和改造，实现矛盾不上交。“枫桥经验”发展阶段主要是社会管理的经验，针对改革开放新时期出现的新矛盾，按照“稳定压倒一切”的思想，加强自上而下的管理，实行社会治安综合治理，预防化解矛盾、维护社会稳定。“枫桥经验”创新阶段主要是社会治理的经验，针对中国特色社会主义新时代出现的新矛盾，按照习近平同志中国特色社会治理思想，以人民为中心，加强党政社民协同治理，自上而下与自下而上相结合，实现共建共治共享。从社会管制到社会管理再到社会治理，“枫桥经验”集中体现了社会治理领域的实践创新、制度创新、理论创新，实现了三次历史性变革和飞跃。

第一节 “枫桥经验”形成于我国社会主义建设时期

新中国成立后,如何巩固新生的人民民主专政国家政权,如何正确处理两类矛盾,如何进行社会主义建设,这是党和人民面临的时代主题。1956 年,我国基本完成了对生产资料私有制的社会主义改造,开始建立崭新的社会主义制度。

一、在社会主义教育运动中,“枫桥经验”应运而生,成为全国政法战线的一面旗帜

20 世纪 60 年代初期,我国面临复杂严峻的国际国内形势:刚刚渡过三年困难时期,中苏关系严重恶化,中印边境发生军事冲突,台湾当局在美国怂恿下企图窜犯大陆,国内反动残余势力与国际反华逆流遥相呼应,有的大肆造谣、散布“变天”思想;有的建立秘密组织,散发反动传单;有的反攻倒算,打击报复;有的“借尸还魂”,企图“和平演变”。正是在这样一个特殊的历史条件和时代背景下,如何教育、改造“四类分子”,最大限度地调动一切积极因素,化消极因素为积极因素,为社会主义建设服务,巩固新生的人民民主政权,这就成为摆在全党和各级政法机关面前的一个重大的

时代课题。1963年2月,中共中央在北京举行工作会议,决定在全国农村普遍开展社会主义教育运动。同年5月,毛泽东同志在杭州主持召开中央政治局扩大会议,讨论起草社教运动的纲领性文件《关于目前农村工作中若干问题的决定(草案)》(《前十条》)。9月,中共中央根据社教运动试点中提出的问题,又制定了《关于农村社会主义教育运动中一些具体政策的规定(草案)》(《后十条》),提出在这次运动中,除行凶报复、杀人、抢劫、放火、投毒等民愤很大的现行犯必须立即逮捕法办以外,对有破坏活动的“四类分子”基本上实行“一个不杀,大部(95%以上)不捉”的方针。根据中央的部署,诸暨县枫桥区作为试点在1963年年初就启动了社会主义教育运动。同年6月,中共浙江省委派出书记处书记兼宣传部部长林乎加同志率领的社教工作队进驻诸暨县枫桥区搞试点。当时,在诸暨县枫桥区开展试点的7个公社6.5万人口中,共有“四类分子”911名,其中有比较严重破坏活动的163名,群众要求逮捕的45名。围绕改造“四类分子”“武斗好还是文斗好”这一焦点,有的基层干部群众要求“逮捕一批,武斗一遍,矛盾上交”。省委工作队根据《后十条》的精神,引导群众敞开思想,提高认识,大多数群众认为“武斗斗皮肉,外焦里不熟;文斗摆事实,讲道理,以理服人”。在统一思想的基础上,枫桥区干部依靠群众对“四类分子”进行“全面评审、重点斗争”,根据他们的实际表现区别对待:对于守法的,给予适当的鼓励;对于基本守法的，指出好的地方，批评不好的地方；对于有一般违法行为的，给予严肃的批评；对个别有严重违法行为、在评审中又不低头服罪的，列为重点对象，依靠群众进行说理斗争。在斗争中坚持摆事实、讲道理，允许斗争对象申辩。结果没有打人，更没有捕人，化消极因素为积极因素，创造出“少捕，矛盾不上交，依靠群众，以说理斗争的形式把绝大多数‘四类分子’改造成为新人”的经验，受到了当时到浙江检查工作的公安部领导的肯定。同年 10 月，正在杭州视察工作的毛泽东同志在听取公安部领导汇报有关浙江诸暨枫桥社教运动试点中依靠群众、就地改造“四类分子”、以说理斗争的形式把绝大多数“四类分子”改造成为新人的做法时说：“这就叫矛盾不上交，就地解决”，并指示要好好进行总结。同年 11 月 22 日，毛泽东同志在公安部领导将在第二届全国人大四次会议上拟作的题为《依靠广大群众，加强人民民主专政，把反动势力中的绝大多数改造成为新人》的发言稿上亲笔批示：“此件看过，很好。讲过后，请你们考虑，是否可以发到县一级党委及县公安局，中央在文件前面写几句介绍的话，作为教育干部的材料。其中应提到诸暨的好例子，要各地仿效，经过试点，推广去做。”并指示公安部要好好总结这一经验，整理一个千把字的材料批发下去，回答两个问题：一是群众是怎样懂得这样做的；二是依靠群众办事是个好办法。

按照毛泽东同志的指示，中共浙江省委和公安部又一次组织人员到枫桥区召开座谈会,对原有总结材料进行进一步修改完善,最终形成了由中共浙江省委工作队和中共诸暨县委联合署名的《诸暨县枫桥区社会主义教育运动中开展对敌斗争的经验》一文,总结出“在党的领导下,发动和依靠群众,坚持矛盾不上交,就地解决,实现矛盾少、治安好”的经验,并于同年 12 月 1 日报送中共浙江省委。同年 12 月 5 日,中共浙江省委在向中共中央上报“枫桥经验”的同时,将“枫桥经验”转发各地(市)、县委,并加了批语,把“枫桥经验”推向全省。1964 年 1 月 14 日,中共中央专门下发了《中央关于依靠群众力量,加强人民民主专政,把绝大多数四类分子改造成为新人的指示》,并全文转发了《诸暨县枫桥区社会主义教育运动中开展对敌斗争的经验》,把“枫桥经验”推向全国。1965 年 1 月 16 日,中共中央在《中央批转公安部党组关于当前工作中两个问题的报告》中特别强调“枫桥经验”的作用,再次要求全国各省、市、区学习推广“枫桥经验”,控制捕人、杀人。中共中央连续两次对学习推广“枫桥经验”作出指示,第十三次全国公安会议还就学习推广“枫桥经验”作出了专门部署,全国各地掀起了学习推广“枫桥经验”的热潮,“枫桥经验”成为全国政法战线的一面旗帜,1964 年也成为新中国成立以来捕人、杀人最少的一年,治安情况比历年都好。浙江省的成效则更为明显,1964 年和 1965 年,全省刑事案件发案率分别为万分之二点七和万分之二点三;捕人率分别为万分之零点五三和万分之零点二五。

毛泽东同志批示学习推广“枫桥经验”以后，枫桥的干部群众受到极大鼓舞，他们在自觉运用“枫桥经验”基本精神的同时，根据本地政治、经济、社会发展情况和治安实际，进行了一系列新的探索和实践，不断丰富发展了“枫桥经验”。“文革”初期，“枫桥经验”被诬蔑为“修正主义的黑样板”“资产阶级人性论”和“和平改造”的“典型”，受到了严重冲击。但枫桥的广大干部群众始终坚信自己的做法和毛泽东同志的批示是正确的，始终认为“枫桥经验”是个好经验，坚持“枫桥经验”不动摇，运用“枫桥经验”“依靠群众、矛盾不上交”的基本精神，坚持做教育、挽救、转化人的工作，按照“政治上区别对待，经济上同工同酬”的原则和“给出路”的政策，坚持对“四类分子”实行思想教育、生产劳动和监督管理，同时还创造了改造流窜犯、帮教失足青年和一般违法人员的成功做法。

1970 年 12 月 11 日，第十五次全国公安工作会议在北京召开，周恩来总理在讲话中肯定了新中国成立后 17 年的公安工作和公安队伍。这次会议通过的《会议纪要》，再次肯定“枫桥经验”是依靠群众专政的好典型。1973 年 6 月 1 日至 7 月 2 日，浙江省第十六次全省公安会议在杭州召开。会议指出，要大力推广“枫桥经验”，在全省掀起一个大力宣传、推广“枫桥经验”的热潮。同年 10 月，诸暨县委和绍兴地委先后在枫桥区召开“纪念毛主席批示‘枫桥经验’10 周年现场会”，会后派出“枫桥经验”宣讲团，到全省各地巡回宣讲“枫桥经验”，浙江全省重新开始形成学习推广“枫桥经验”的热潮。1975 年 10 月 25 日，公安部、浙江省公安局、绍兴地区公安局和诸暨县公安局组成的联合调查组经过在枫桥区长达半年的调查，形成了《“枫桥经验”在前进》的调查报告，同时总结了《对一般流窜犯就地改造比矛盾上交好》等 8 个典型材料，枫桥区也呈现出“矛盾少、治安好、产量高”的可喜局面。同年 11 月，公安部副部长凌云在枫桥区考察时指出，毛主席肯定的“枫桥经验”，经过 12 年的实践证明是成功的，“枫桥经验”要发展，推广落实“枫桥经验”要同农业学大寨结合起来，通过不断总结日臻完善。

二、“枫桥经验”对全国范围内“四类分子”评审摘帽工作起到了巨大的推动和促进作用

1978 年 5 月 11 日，《光明日报》发表特约评论员文章《实践是检验真理的唯一标准》，真理标准大讨论在全国范围内如火如荼地展开。正是在这样的历史条件和时代背景下，枫桥的干部群众在拨乱反正、恢复发展生产的同时，重新树立“枫桥经验”这面旗帜。1977 年 10 月 6 日，为做好纪念毛泽东同志批示“枫桥经验”15 周年筹备工作，同时也为给“四类分子”摘帽开展调查研究，由公安部、浙江省公安局、绍兴地区公安局、诸暨县公安局组成的联合工作组进驻枫桥贯彻落实“枫桥经验”，并议定了普及“枫桥经验”的

“六条验收标准”。与此同时,枫桥的干部群众解放思想、实事求是,大胆冲破“左”的禁锢和束缚,运用“枫桥经验”的基本精神,突破3%的摘帽比例“禁区”,从1978年4月开始,率先对遵守政府法令、积极参加生产劳动的“四类分子”开展评审摘帽,培养表现好的“四类分子”子女入团、当干部,送表现好的“四类分子”子女去当兵。同年6月,公安部部长赵苍璧到枫桥区视察,肯定枫桥区给改造好的“四类分子”摘帽和运用《治安公约》管束教育有不良行为的人的经验。同年11月22日,诸暨县委在枫桥区召开毛泽东同志批示“枫桥经验”15周年纪念大会,公安部、浙江省和绍兴地区的公检法部门以及诸暨、枫桥的干部群众共1100多人出席会议,掀起了学习推广“枫桥经验”的热潮,推动了“四类分子”摘帽试点工作的深入开展。这一做法在当时无疑是需要极大的勇气和过人的胆识的,也是与随后召开的党的十一届三中全会的精神完全一致的。

同年12月召开的具有划时代和里程碑意义的党的十一届三中全会,确立了邓小平同志在全党全国的领导地位和解放思想、实事求是的思想路线,实现了全党全国工作重心向社会主义现代化建设的转移,开启了我国改革开放历史新篇章,开创了中国特色社会主义事业新局面。1979年1月11日,中共中央作出了《关于地主、富农分子摘帽问题和地富子女成份问题的决定》。同年2月5日,《人民日报》发表了新华社记者长篇通讯《摘掉一顶帽,调动几代人——记诸暨县枫桥区落实党对“四类分子”的政策》,对枫桥区的摘帽工作作了专题报道,再一次肯定推广“枫桥经验”,这对全国范围内“四类分子”的摘帽工作产生了重大影响,起到了巨大的推动和促进作用,也为拨乱反正和全党全国工作重心的转移提供了一个好例证。特别是给“四类分子”摘帽这项工作,不仅为在我国终止“以阶级斗争为纲”作出了独特贡献,而且也自然而然地将数倍于“四类分子”的家属后代解放出来,调动他们的积极性,将他们吸引到社会主义现代化建设事业中来,发挥他们的劳力、能力、创造力,给国家增添了建设力量,也使他们不再受到政治、社会生活等方面的歧视,心情舒畅地做一个中华人民共和国公民。

第二节 “枫桥经验”发展于改革开放新时期

改革开放以来,特别是邓小平同志南方谈话以后,我国从有计划的商品经济时期进入了建设社会主义市场经济时期,社会主要矛盾转化为人民日益增长的物质文化需要与落后的社会生产之间的矛盾,经济全球化、社会信息化、文化多样化、世界多极化、综合国力竞争白热化,成为信息社会和知识经济时代的基本特征和主要标志。由于经济大发展、社会大变革、人财物大流动,刑事犯罪持续高发,流窜犯罪猖獗,青少年违法犯罪问题十分突出。加之苏联解体、东欧剧变，国际风云变幻莫测，国际反华势力与国内敌对分子遥相呼应，企图动摇共产党的领导和社会主义社会制度。因此，如何预防控制刑事犯罪特别是青少年违法犯罪，教育、挽救违法犯罪人员，有效维护社会治安秩序，如何坚持“稳定压倒一切”的思想，正确处理改革发展稳定的关系，在社会稳定中推进改革发展，通过改革发展促进社会稳定，不断满足人民日益增长的物质文化需要，这是摆在全党和各级政法机关面前的一个重大时代课题。

一、20 世纪 80 年代，“枫桥经验”发展成为社会治安综合治理的典范

以党的十一届三中全会为起点，我们党坚定不移实行对内搞活和对外开放的政策，我国进入了社会主义现代化建设新时期，整个社会由静态进入动态，人财物开始大流动。由于国际、国内各种因素的影响，我国社会治安出现了许多新情况、新问题，特别是“文化大革命”的后遗症十分严重，其中突出的问题是滋生了一大批刑事犯罪特别是青少年违法犯罪，迎来了改革开放后的第一个犯罪高峰期。如何正确认识和处理刑事犯罪特别是青少年违法犯罪问题，如何扭转日益严峻的社会治安局面，如何改革和调整社会治安治理方式，为社会主义现代化建设保驾护航，成为我们党和全国人民共同关心的问题。

正是在这样的历史条件和时代背景下，枫桥的干部群

众一致认为,搞好农村社会治安,必须在党政领导下,依靠全党和全社会的力量,实行综合治理。1980年3月,枫桥区委起草了《进入新的历史时期后,我们是怎样坚持“枫桥经验”的》文章,认为在阶级状况发生根本变化以后,坚持“枫桥经验”要从过去监督改造“四类分子”为主,迅速转移到帮教改造违法犯罪人员、维护治安上来。在1981年6月10日浙江省公安厅批转的浙江省公安厅三处《关于枫桥区治安情况的调查报告》后半部分“枫桥区社会治安综合治理的具体措施”中,总结的具体措施主要有:(1)在区、社党委领导下,发动干部、群众,及时制止解决各种治安问题;(2)切实做好基层单位的安全防范工作,把预防社队企业被盗、被诈骗,作为重点来抓;(3)坚持“枫桥经验”的基本精神,做好对违法人员的帮教工作;(4)针对经济政策放宽的新情况,摸索和加强治安行政管理工作;(5)加强治保队伍的建设。随着社会治安综合治理实践的不断深入,枫桥的干部群众运用“枫桥经验”的基本精神,把预防、打击犯罪和教育、改造违法犯罪人员有机结合起来,努力减少可能诱发犯罪和影响社会稳定的各种因素,逐步形成了融打、防、教、管于一体的社会治安综合治理经验,“枫桥经验”也由教育改造“四类分子”的经验发展成为帮教流窜犯、一般违法犯罪特别是青少年违法犯罪的经验,发展成为社会管理的经验。

为进一步加强社会治安综合治理工作,1986年9月,枫桥区各乡(镇)率先相继成立了由乡(镇)长兼组长,公安、司法、人武部、共青团、妇联等干部参加的社会治安综合治理领导小组，设立乡（镇）综合治理办公室，进行法制宣传教育，调处各种治安纠纷，参加公共场所的治安管理，检查、督促乡、村企事业单位和重点户的防火、防盗等安全措施的落实，开展查禁赌博等工作，同时全面调整基层治保调解组织，在各村推行落实治安承包责任制，大量的治安纠纷和帮教工作均由综合治理办公室解决、落实在基层。据统计，1986～1990年，枫桥区由乡、村两级调处解决的各类纠纷和治安事件9861起，占92.4%；就地教育挽救违法人员643人，其中有113人成为各类专业户，从根本上减少了犯罪，维护了社会稳定。枫桥干部群众在坚持、发展和创新“枫桥经验”的实践中，最先形成了社会治安综合治理思想并建立了社会治安综合治理体制机制。

1990年2月19日至4月19日，绍兴市公安局和诸暨市公安局组织联合调查组，对枫桥区创新社会治安综合治理经验进行总结，形成了《依靠群众管治安是维护社会治安的根本——枫桥区坚持和发展“枫桥经验”的做法》的调查报告和18个典型材料。调查报告认为，枫桥“为社会治安综合治理提供了极为宝贵的经验”，并将其具体归纳为“五个依靠”，即依靠群众就地解决纠纷引起的治安问题；依靠群众就地教育挽救违法人员；依靠群众加强公共复杂场所治安管理；依靠群众加强内部安全防范；依靠群众协助公安机关查破刑事案件。同年4月，浙江省公安厅会同绍兴市公安局和诸暨市公安局到枫桥区开展调研，对“枫桥经验”作进一步总结，形成了《紧紧依靠群众维护社会稳定——枫桥区在新形势下坚持和发展“枫桥经验”的调查报告》，把“枫桥经验”称为“具有浙江特色综合治理的典范”。同年9月，中央政法委员会转发了这一调查报告，并向全国推广。同年11月24日，彭真同志在给乔石同志的一封信中写道：整顿治安要两手。一手是对严重危害社会治安的犯罪分子要依法“严打”，另一手是切实深入发动依靠群众自我教育，并依法监督、教育、改造违法犯罪分子和其他坏人。要双管齐下，治标与治本相结合，从长远看，教育人改造人是更重要和根本的方面。可以考虑参考1963年中央指示推广的“枫桥（浙江诸暨县）经验”，择其适合现状者推广之。

1991年1月15日至21日，全国社会治安综合治理工作会议在烟台举行，这是新中国成立后第一次召开全国性的社会治安综合治理工作会议。时任中共中央政治局常委、书记处书记、政法委书记乔石同志在会上作了题为《认真贯彻党的十三届七中全会精神，紧紧围绕党的基本路线，加强政法工作，维护社会稳定》的报告，指出解决社会治安问题，必须从国情出发，坚持专门工作与群众路线相结合的方针，在各级党委和政府的领导下，动员社会各方面的力量齐抓共管，运用政治的、经济的、行政的、法律的、文化的、教育的等多种手段进行综合治理；强调依法严厉打击严重刑事犯罪活动，是综合治理的首要环节，必须坚持“严打”和综合治理的其他各项措施“两手抓”的方针,尽一切可能预防和减少犯罪;认为综合治理方针是我国维护社会稳定的一个长期的基本方针,是在改革开放的新形势下,具有中国特色的、广泛依靠群众解决社会治安问题的新路子。同年2月9日,中共中央、国务院作出了《关于加强社会治安综合治理的决定》。同年3月2日,第七届全国人大常委会第十八次会议通过了《全国人大常委会关于加强社会治安综合治理的决定》。同年3月21日,中共中央成立了中央社会治安综合治理委员会,作为协助党中央、国务院领导全国社会治安综合治理工作的常设机构,乔石同志兼任主任。同年4月,国务委员王芳听取绍兴市公安局和诸暨市公安局赴京干部汇报后说:“在改革开放的条件下,枫桥区一直保持治安稳定确实了不起,经验值得推广。”同年5月,新华社、《人民日报》等新闻单位组成记者团,到诸暨枫桥区实地采访。随后,大量媒体均对“枫桥经验”作了宣传报道,再度掀起了学习、推广“枫桥经验”的热潮。

1993年11月22日,中共诸暨市委隆重召开纪念毛泽东同志批示“枫桥经验”30周年大会。中央社会治安综合治理委员会办公室、中国警察学会、公安部三局相关领导和中共浙江省委副书记刘枫,中共浙江省委常委、政法委书记、省公安厅厅长斯大孝,浙江省高级人民法院院长夏仲烈等领导出席会议。刘枫同志在讲话中指出,“枫桥经验”逐步发展成为社会治安综合治理的典型经验。同日,中共浙江省委政法委在诸暨市召开全省社会治安综合治理工作会议,研究和决定在社会治安综合治理中进一步推广“枫桥经验”。

二、20 世纪 90 年代,“枫桥经验”发展成为维护社会稳定的经验

以 1992 年年初邓小平同志南方谈话和党的十四大把建立社会主义市场经济体制确立为我国经济体制改革的目标为起点,我国进入了建设社会主义市场经济时期。在建立社会主义市场经济体制和加入 WTO 的过程中,由于改革的不断深化和开放的逐步扩大,新旧体制转换、社会转型和经济格局、利益关系重新调整,社会矛盾不断增多,不稳定因素大量存在,刑事犯罪多发高发,社会治安形势复杂严峻。如何正确处理好改革发展稳定的关系,把改革的力度、发展的速度和社会可以承受的程度统一起来,在社会稳定中推进改革发展,通过改革发展促进社会稳定,成为摆在我们党和各级公安机关面前的一个重大时代课题。

正是在这一历史条件和时代背景下,枫桥的干部群众始终坚持以邓小平理论为指导,坚决贯彻“稳定压倒一切”的思想和“两手抓、两手都要硬”的方针,坚持“要戴致富帽,先戴平安帽”,在全力推进经济建设的同时,坚决维护社会和谐稳定的局面,继承和发展“枫桥经验”的基本精神,认真做好深化改革、加快发展、维护稳定各项工作,概括了“五

有”工作原则，总结了“四前”工作法，做到“小事不出村、大事不出镇、矛盾不上交”，实现了“矛盾少、治安好、发展快、社会文明进步”的良好局面，走出了一条稳定与发展同步、致富与治安并举的路子。“五有”是指：有一个党政动手、各负其责，确保一方平安的领导责任制；有一个镇村为主、上下协调，实行综合治理的组织网络；有一个依靠群众、立足预防，就地化解矛盾纠纷的工作机制；有一个加强教育、扩大民主，营造群众自觉守法、社会公平正义的人本观念；有一个围绕中心、壮大经济，以改革、发展促稳定的治本意识。“四前”是指：坚持组织建设走在工作前、预测工作走在预防前、预防工作走在调解前、调解工作走在激化前。“四前”工作法是预防和化解矛盾的工作机制，实用而富有成效，把大量矛盾和问题解决在基层、解决在内部、解决在萌芽状态。据统计，1993～1998 年，枫桥镇共发生各类纠纷 1766 起，调处 1706 起，调处率 96.6%，其中有 88% 的纠纷在村一级得到及时化解，做到了“小事不出村、大事不出镇、矛盾不上交”。与此同时，枫桥镇还创新了流动人口管理服务机制，全面落实了社会治安综合治理责任制。

1998 年 8 月 31 日至 10 月上旬，浙江省公安厅、中共绍兴市委和诸暨市委组成联合调查组到枫桥镇蹲点调查，形成了《预防化解矛盾，维护农村稳定——“枫桥经验”新发展》的调查报告，总结出“着眼发展，壮大经济，奠定稳定基础；立足预防，就地化解，防止矛盾激化；以人为本，强化教育,减少消极因素;扩大民主,村务公开,推进依法自治;率先垂范,无私奉献,发挥堡垒作用;依靠群众,专群结合,全力维护稳定”的新时期“枫桥经验”。同年10月30日,中共绍兴市委、浙江省公安厅党委联合向中共浙江省委上报《关于推广“枫桥经验”,更好地维护农村稳定的报告》。同年11月16日,时任中共浙江省委书记张德江在报告上批示:“维护农村稳定、促进农村发展是一个重大课题。枫桥提供了成功经验,应在全省大力宣传全面推广。”同年11月20日,浙江省委在批转这一报告时指出:“改革开放以来,诸暨市枫桥的干部群众在邓小平理论的指引下,始终坚持‘两手抓’的方针,继承和发展‘枫桥经验’的基本精神,围绕经济建设这个中心,切实加强农村基层组织建设,积极抓好维护社会稳定的各项工作,党政一起动手,依靠群众,立足预防,化解矛盾,维护稳定,促进发展,使‘枫桥经验’在实践中不断丰富发展,形成了新的时代特色。……‘枫桥经验’的新发展,对于我省维护农村社会稳定,加强基层组织建设和民主政治建设,具有普遍的指导意义。”

同年11月22日,浙江省公安厅、绍兴市委和诸暨市委联合在诸暨隆重召开纪念毛泽东同志批示“枫桥经验”35周年大会。浙江省委负责人指出,“枫桥经验”的成功之处,就在于走出了一条农村稳定与发展同步、致富与治安并举的新路子,并号召全省学习推广“枫桥经验”。同年12月1日,《人民日报》在头版头条发表题为《立足稳定和发展——

浙江诸暨“枫桥经验”纪实》的文章，并配发《“枫桥经验”值得总结和推广》的评论员文章，向全国再次推广“枫桥经验”。与此同时，公安部也派出由治安局、办公厅、政治部等5人组成的“枫桥经验”调研组到诸暨枫桥，就“枫桥经验”在社会主义市场经济条件下的新发展进行实地调研，形成了《关于浙江省诸暨市“枫桥经验”的调查报告》。

三、进入21世纪，“枫桥经验”成为平安建设、法治建设和全面小康社会建设的经验

2002年11月8日至14日在北京召开的党的十六大提出了全面建设小康社会、加快推进社会主义现代化建设、开创中国特色社会主义事业新局面的奋斗目标。在全面建设小康社会进程中，随着社会主义市场经济体制的逐步建立和不断完善，由于经济结构不合理，利益格局调整和利益再分配，农民收入增长缓慢，就业和再就业矛盾突出，资源环境压力加大，城乡差距、地区差距、居民收入差距持续扩大，我国经济社会生活中的一些深层次问题和矛盾开始暴露和凸显出来，在农村比较集中地表现为利益格局调整中引发的利益矛盾、推进城乡一体化中引发的管理矛盾、基层民主政治建设中引发的权益矛盾、发展先进文化中引发的观念矛盾。

在诸暨枫桥，随着经济高速增长，社会结构和社会利益格局发生深刻变化，征地拆迁、环境污染、安全事故、贫富差

距等社会矛盾急剧增加，比较集中地体现为基层的民事类矛盾、管理中的民生类矛盾和经济建设中的发展类矛盾，群众开始信访上访，给当地党委政府造成了很大的维稳压力。为了从源头上维护社会稳定，2002 年 8 月，枫桥镇率先开展“平安枫桥”建设，通过抓基层、打基础，建机制、架网络，明责任、强保障，首创乡镇综治工作中心，健全社会治安综合治理机制，创新“四先四早”矛盾纠纷化解机制，创新“三帮三延伸”工作机制，创新“四环”指导法，致力打造“治安秩序好、矛盾不上交”的平安乡镇。“四先四早”是指：预警在先，苗头问题早消化；教育在先，重点对象早转化；控制在先，敏感时期早防范；调解在先，矛盾纠纷早处理。“三帮三延伸”是指：帮人要帮心，帮人要帮富，帮人要帮到底；帮教进监狱、事先向监狱延伸，帮教重实效、事中向生产生活延伸，帮教讲长效、事后向巩固提高延伸。“四环”是指：诉前环节普遍指导，诉时环节跟踪指导，诉中环节个别指导，诉后环节案例指导。2003 年 5 月，中共诸暨市委在枫桥镇召开“枫桥式”平安镇乡建设工作现场会，总结枫桥镇的做法，作出了创新“枫桥经验”、创建“枫桥式”平安镇乡的决定。同年 5 月至 8 月，浙江省公安厅、中共绍兴市委和诸暨市委联合调查组进驻枫桥进行调研总结，形成了《看枫桥如何实现矛盾少发展快——关于“枫桥经验”创新与发展》的调查报告和 17 个典型材料，总结出“五个推进、五个最大”的新时期“枫桥经验”，即推进经济社会发展，最大限度地减少社会矛盾；

推进民主政治建设,最大限度地畅通社情民意渠道;推进预防化解矛盾机制创新,最大限度地把问题解决在基层;推进管理理念转变,最大限度地化消极因素为积极因素;推进农村社区建设,最大限度地实现服务阵地前移。

21 世纪是机遇与挑战并存、希望与困难同在的世纪。中国特色社会主义进入 21 世纪,中共中央研判,21 世纪的头 20 年,是我国必须紧紧抓住并且可以大有作为的重要战略机遇期。正是在这一重要历史转折关头,习近平同志调任浙江省工作,2003 年 2 月至 2007 年 3 月,习近平同志担任浙江省委书记。习近平同志主政浙江期间,正是浙江经济发展的腾飞期、增长方式的转变期、各项改革的攻坚期、开放水平的提升期、社会结构的转型期和社会矛盾的凸显期。当时全国人均 GDP 达到 1000 美元,浙江人均 GDP 是全国第一个超过 3000 美元的省份,浙江经济发展水平总体上领先全国平均水平 10 年以上,浙江小康社会建设长期领跑全国。先发有先发的优势,先发也有先发的矛盾、问题、短板和弱项,浙江发展既更多地遭遇到了资源短缺等“先天的不足”,也更多地遭遇到了发展方式粗放等“成长的烦恼”。特别是浙江各地频发的安全生产事故,引起了习近平同志的高度关注和重视。2003 年 5 月 30 日,习近平同志到枫桥调研考察,枫桥镇在创新“枫桥经验”过程中形成的“平安枫桥”建设经验,受到了习近平同志的充分肯定,枫桥在乡镇组建综治工作中心的做法在全省逐步推广,平安建设成为浙江创新发展“枫桥经验”和加强社会管理的重要载体和抓手。

2003 年 7 月,在中共浙江省委第十一届四次全体(扩大)会议上,习近平同志全面系统科学地论述了进一步发挥八个方面的优势、推进八个方面的举措的思想,即“八八战略”。“八八战略”围绕中国特色社会主义发展规律而展开,立足浙江、面向全国、放眼世界,深刻回答了浙江“实现怎样的发展、怎样实现发展”等一系列重大发展问题,科学阐明了浙江的发展理念、发展目标、发展重点、发展资源、发展动力、发展环境、发展保障等一系统重大理论和实践问题。“八八战略”开启了浙江发展新时期,开创了浙江发展新局面。为全面推动落实“八八战略”,按照一年一个新主题的要求,习近平同志又先后作出了“活力浙江”“平安浙江”“文化大省”“法治浙江”“绿色浙江”——“五个浙江”建设的重大决策部署。

2003 年 11 月 25 日至 27 日,由中央社会治安综合治理委员会和中共浙江省委联合召开的纪念毛泽东同志批示“枫桥经验”40 周年暨创新“枫桥经验”大会在诸暨举行。中央政治局常委、中央政法委书记、中央社会治安综合治理委员会主任罗干同志作了《学习创新“枫桥经验”将矛盾化解在基层》的重要讲话,习近平同志代表浙江省委作了题为《创新“枫桥经验”维护社会稳定》的发言。罗干同志在讲话中指出,“枫桥经验”根据不同时期的社会特点,就地解决社会矛盾,最大限度地把问题解决在基层、解决在当地、解决在萌芽状态,维护了社会治安和社会稳定。罗干同志要求各级党委、政府学习“枫桥经验”,积极探索社会主义市场经济条件下群防群治的组织形式、管理体制和保障方法,正确处理新时期的人民内部矛盾,将矛盾化解在基层,为全面建设小康社会创造良好的社会治安环境。习近平同志在发言中全面回顾总结了浙江各地学习推广“枫桥经验”的成功实践,把“枫桥经验”在浙江的成功实践概括为“坚持统筹发展,抓本治源;坚持依法治省,以德治省;坚持以人为本,执政为民;坚持与时俱进,创新发展;坚持专群结合,群防群治”五个特点,强调要牢固树立“发展是硬道理、稳定是硬任务”的政治意识,高度重视并切实抓好维护社会稳定的各项工作,特别是要充分珍惜“枫桥经验”,大力推广“枫桥经验”,不断创新“枫桥经验”,使“枫桥经验”在维护浙江社会稳定中显示更强的生命力,在加快浙江全面建设小康社会、提前基本实现现代化的进程中发挥更大的作用,并从“创新‘枫桥经验’,必须着眼工作大局,在统筹发展中丰富新鲜内涵;创新‘枫桥经验’,必须营造法治环境,在依法治省中取得明显成效;创新‘枫桥经验’,必须相信依靠群众,在执政为民中践行根本宗旨;创新‘枫桥经验’,必须建立长效机制,在完善制度中实现长治久安”四个方面,为创新发展“枫桥经验”指明了方向、明确了目标、提供了遵循。

2004 年 5 月 10 日,浙江省委第十一届六次全会通过了

《中共浙江省委关于建设“平安浙江”、促进社会和谐稳定的决定》,平安建设从枫桥推广到全省。2004 年 6 月 11 日至 12 日,全国社会治安综合治理工作会议在杭州召开。中共中央政治局常委、中央政法委书记、中央社会治安综合治理委员会主任罗干出席会议并讲话。习近平同志代表浙江省委作了题为《创新“枫桥经验” 建设“平安浙江”》的发言。在回顾总结浙江改革开放以来平安建设的生动实践时,习近平同志指出:“发展是硬道理,是解决所有问题的关键;稳定是硬任务,是改革和发展的前提。富裕与安定是人民群众的根本利益,致富与治安是领导干部的政治责任。”习近平同志强调,我们提出建设“平安浙江”中的“平安”,是涵盖了经济、政治、文化和社会各方面宽领域、大范围、多层面的“平安”,其总体目标是:经济更加发展、政治更加稳定、文化更加繁荣、社会更加和谐、人民生活更加安康。围绕“五个更加”的总体目标,省委提出要坚持以人为本、统筹兼顾、标本兼治、协力推进的原则,努力实现确保社会政治稳定、确保治安状况良好、确保经济运行稳健、确保安全生产状况稳定好转、确保社会公共安全、确保人民安居乐业“六个确保”的具体目标。习近平同志指出,“平安浙江”建设的一项重要内容,就是强化基层基础工作,进一步总结、推广和创新“枫桥经验”。对于如何总结推广和创新发展“枫桥经验”,习近平同志提出了“就要坚持统筹兼顾,抓本治源;就要坚持强化基础,依靠群众;就要坚持完善制度,注重长效”“三个就要坚持”的明确要求。2004 年 6 月 12 日,《人民日报》发表长篇通讯《平安是福和谐为乐——浙江省诸暨市创新“枫桥经验”纪实》,并配发题为《“枫桥经验”的启示》的评论员文章。由此,源于枫桥的平安建设进一步在浙江全省得到拓展,并受到全国关注。2005 年 6 月 21 日,习近平同志在《光明日报》上发表了《弘扬“红船精神”走在时代前列》的署名文章,把“红船精神”概括为“开天辟地、敢为人先的首创精神,坚定理想、百折不挠的奋斗精神,立党为公、忠诚为民的奉献精神”。2006 年 4 月,中共浙江省委十一届十次全会作出了建设“法治浙江”的决定。从此,以“红船精神”为动力,以“八八战略”为指引,以“平安浙江”建设、“法治浙江”建设为保障,浙江大地谱写了全面建设小康社会、构建社会主义和谐社会、提前基本实现现代化的新篇章,开启了坚持和发展中国特色社会主义的先行先试的生动实践,浙江走上了干在实处、走在前列的中国特色社会主义康庄大道。

“八八战略”、“平安浙江”战略、“法治浙江”战略是习近平治国理政新理念、新思想、新战略在浙江的先行探索和成功实践,是中国特色社会主义“五位一体”总体布局和“四个全面”战略布局的序幕,为坚持和发展中国特色社会主义和实施平安中国、法治中国战略提供了先行先试的浙江经验和浙江方案。从“平安浙江”到“平安中国”、从“法治浙江”到“法治中国”、从“美丽浙江”到“美丽中国”,习近平主政浙江期间的思想方略,最终都提升到了习近平治国理政新理念、新思想、新方略。由此,“八八战略”成为指导浙江科学发展和提前基本实现现代化的总纲领,成为推进浙江区域治理现代化和各项工作的总方略。习近平同志在全面推动落实“八八战略”,调研、谋划、设计“平安浙江”战略和“法治浙江”战略中的两次重要讲话,对“枫桥经验”在浙江的生动实践进行了系统回顾总结和全面概括阐述,开辟了“枫桥经验”创新发展的新境界,同时也形成了习近平社会治理思想。

四、在和谐社会建设过程中,“枫桥经验”发展成为创新社会管理的经验

2007 年 10 月 15 日至 21 日在北京召开的党的十七大把科学发展观确立为我们党的指导思想,提出了全面建设小康社会奋斗目标、核心要义、丰富内涵、精神实质和实践要求,孕育了新时代“枫桥经验”。正是“枫桥经验”在浙江的成功实践和创新发展,才使“枫桥经验”发展成为平安建设和全面建成小康社会目标的新经验。随着经济全球化、世界多极化、文化多元化、社会信息化的深入发展和科技进步的日新月异,随着改革开放的全面深入并触及一些深层次的矛盾和问题,我国发展呈现出一些明显的阶段性特征。体现在民生领域,主要是上学、看病、住房等公共产品和公共服务短缺的问题日益突出,就业、社会保障、社会治安等问题

日益凸显，城乡、区域、经济社会发展不平衡和社会成员之间收入差距拉大；国际金融危机以及国内频频发生的各种自然灾害、安全生产事故、食品安全问题等，不仅危及国民经济和社会发展，而且直接影响人民群众的日常生活和根本利益；大量的“单位人”变成“社会人”，现实社会与虚拟社会共存互联，各种新的行业、组织和群体不断涌现，境外人员和西方非政府组织进入我国活动越来越多，传统社会管理模式和方法受到了挑战；西方反华势力勾结“藏独”“东突”“法轮功”邪教组织等加紧对我国进行渗透、捣乱、破坏活动。概括起来就是社会矛盾凸显、刑事犯罪高发、对敌斗争复杂。因此，加强和创新社会管理成为摆在我们党和各级政法机关面前的一个重大时代课题。

面对这一新课题，枫桥镇党委政府和广大干部群众牢固树立并切实践行执政为民、发展富民、稳定安民、和谐乐民的理念，始终坚持“枫桥经验”依靠群众、化解矛盾的基本精神不动摇，致力于以“矛盾少、治安好、发展快”来推进社会主义和谐社会和新农村建设，进一步丰富了“枫桥经验”的时代内涵，创新发展了“枫桥经验”的载体和形式。其具体做法是：通过齐心谋发展、创建实力枫桥，协力抓队伍、创建合力枫桥，统筹抓基础、创建活力枫桥，推动经济社会又好又快发展，夯实了平安和谐新农村的建设基础；通过基础管理抓“三网”、架构平安创建网，维稳工作抓“四早”、有效防控消隐患，综合治理抓“五联”、齐心协力保平安，因地制宜抓“六创”、齐创共建求实效，探索构建现代乡村治理模式，共创了平安和谐新农村的治安环境；通过关爱外来群体、共创和谐经济，关怀弱势群体、共享和谐生活，关心归正群体、共建和谐关系，努力营造平等友爱良好氛围，融洽了平安和谐新农村的社会关系；通过开展励志教育、培养枫桥新人，弘扬乡土文化、培育乡风文明，致力争先创优、培植创新动力，全面实施文化大镇建设工程，增强了平安和谐新农村的发展活力。与此同时，枫桥派出所牢固树立“立足预防、化解矛盾、维护稳定、促进和谐”的警务理念，以当好“社情动态的知情人、社区治安的牵头人、化解矛盾的有心人、帮教对象的引路人、社区群众的贴心人”为职责定位，以“走得进群众的家门、坐得下群众的板凳、拉得起群众的家常、解得了群众的困难、帮得上群众的求助”为工作要求，建立完善“弹性错时制度、警务通报制度、预约办事制度、现场必到制度”四大警务工作制度，创新运用“基础信息口袋式工作法、警务前移零距离工作法、警务服务超市式工作法、基础管理四勤工作法”四大警务工作法，积极探索实践了与社会主义和谐社会和新农村建设相适应的农村警务工作模式。2008 年 4 月，中共浙江省、绍兴市委、绍兴市公安局和诸暨市委组成联合调研组进驻枫桥，调查在平安和谐新农村建设中“枫桥经验”的创新发展情况。2008 年 10 月，浙江省公安厅、绍兴市公安局、诸暨市公安局组成联合调研组到枫桥蹲点调研，形成了《新的历史起点上“枫桥经验”的时代内涵》等一系列调研报告，总结出新的历史起点上的“枫桥经验”，即以人为本、与时俱进、公平正义、和谐稳定的经验，以人为本是“枫桥经验”创新发展的核心思想，与时俱进是“枫桥经验”创新发展的动力源泉，公平正义是“枫桥经验”创新发展的不懈追求，和谐稳定是“枫桥经验”创新发展的价值取向，并共同作用于创业创新、强国富民这一中国特色社会主义的伟大实践。

2008 年 11 月 24 日，中央社会治安综合治理委员会和中共浙江省委联合召开的纪念毛泽东同志批示“枫桥经验”45 周年暨创新“枫桥经验”大会在绍兴举行。大会要求，要高度重视维护社会稳定工作，认真学习运用“枫桥经验”，坚持抓源头、抓苗头、抓基层、抓基础，把矛盾化解在基层、把问题解决在当地、把隐患消除在萌芽状态，为经济社会又好又快发展创造和谐稳定的环境。

2010 年 8 月，中央政法委、中央社会治安综合治理委员会开展全国社会管理创新综合试点工作，诸暨市被确定为全国社会管理创新综合试点单位之一。枫桥镇是诸暨市的试点单位，开始着力推进以“五大重点推进项目、六大综合提升工程”为主要内容的社会管理创新工作。“五大重点推进项目”是指推进规范的农村群防群治队伍建设、构筑联动的大调解工作格局、推进现代化的基层综治信息平台建设、加强农村社区矫正和安置帮教工作、加强对农村闲散青少年的教育帮助。“六大综合提升工程”是指构建多元化农村社会矛盾解决机制、健全综合性农村社会治安防控机制、完善农村重点人群服务管理机制、加强农村“新社会机体”服务管理、提高农村社会管理法治化水平、深入推进和谐新农村社区建设。通过试点，枫桥镇形成了具有镇域特色、时代特征，科学、高效、惠民的社会管理新格局。

2011 年 2 月，中共浙江省委书记赵洪祝新春调研首选到诸暨调研社会管理创新工作。同年 3 月 29 日，在中央社会治安综合治理委员会召开的纪念社会治安综合治理两个“决定”颁布 20 周年座谈会上，枫桥镇作为全国唯一的基层代表作了发言。同年 3 月 30 日至 31 日，中央政法委副秘书长、中央社会治安综合治理委员会副主任兼办公室主任陈冀平到诸暨市视察指导社会管理创新工作时，专程到枫桥镇调研考察。同年 5 月，“枫桥经验”荣获浙江省首届公共管理创新“特别贡献奖”。同年 7 月 18 日，中央政治局委员、中央政法委副书记王乐泉到枫桥镇调研指导“枫桥经验”的社会管理创新试点工作并予以充分肯定。

第三节 “枫桥经验”创新于中国特色社会主义新时代

2012 年 11 月召开的党的十八大，是中国共产党历史上一次承前启后、继往开来的大会，勾画了在新的历史条件下全面建成小康社会、加快推进社会主义现代化、夺取中国特色社会主义新胜利的宏伟蓝图,习近平同志当选为中央委员会总书记。党的十八大以来,以习近平同志为核心的党中央不忘初心、牢记使命、接续奋斗,统筹推进“五位一体”总体布局,协调推进“四个全面”战略布局,坚定不移贯彻新发展理念,推动党和国家事业取得全方位、开创性成就,发生深层次、根本性变革,中国特色社会主义进入了新时代。党的十八大以来,以习近平同志为核心的党中央和当代中国共产党人,从理论和实践的结合上,以巨大的政治胆略勇气和强烈的历史责任担当,围绕回答新时代坚持和发展什么样的中国特色社会主义、怎样坚持和发展中国特色社会主义这一重大时代课题,紧密结合时代条件和实践要求,进行艰辛理论探索,取得重大理论创新成果,创立了习近平新时代中国特色社会主义思想。新时代是我国社会主要矛盾发生关系全局的历史性变化的新时代,是我们党创立习近平新时代中国特色社会主义思想、全面贯彻坚持和发展中国特色社会主义基本方略的新时代,是我们国家实现由全面建成小康社会到基本实现社会主义现代化,进而开启全面建设富强、民主、文明、和谐、美丽的社会主义现代化强国新征程、实现中华民族伟大复兴的新时代。习近平新时代中国特色社会主义思想深刻回答了中国共产党向何处去、中国向何处去、社会主义向何处去、人类社会向何处去的重大时代命题,昭示着中国共产党、中华民族、世界社会主义和现代国际秩序的发展迎来新时代。

中国特色社会主义进入新时代,“枫桥经验”继续创新发展,实现了由社会管理到社会治理的深刻转型。2013 年 10 月 9 日,在纪念毛泽东同志批示“枫桥经验”50 周年大会召开前夕,习近平同志就坚持和发展“枫桥经验”作出重要指示:“50 年前,浙江枫桥干部群众创造了‘依靠群众就地化解矛盾’的‘枫桥经验’,并根据形势变化不断赋予其新的内涵,成为全国政法综治战线的一面旗帜。浙江省各级党委和政府高度重视学习推广‘枫桥经验’,紧紧扭住做好群众工作这条主线,为经济社会发展提供了重要保障。各级党委和政府要充分认识‘枫桥经验’的重大意义,发扬优良作风,适应时代要求,创新群众工作方法,善于运用法治思维和法治方式解决涉及群众切身利益的矛盾和问题,把‘枫桥经验’坚持好、发展好,把党的群众路线坚持好、贯彻好。”同年 10 月 11 日,中央社会治安综合治理委员会和中共浙江省委在杭州召开纪念毛泽东同志批示“枫桥经验”50 周年大会,中共中央政治局委员、中央政法委书记孟建柱同志出席会议并作重要讲话。孟建柱同志在讲话中要求,深刻认识“枫桥经验”的时代意义,进一步把“枫桥经验”坚持好、发展好;积极创新社会治理方式,最大限度地预防化解社会矛盾;正确把握信访工作定位,切实解决信访突出问题;坚持依法治理,努力把社会矛盾预防化解纳入法治轨道。

近年来,枫桥镇诸暨市全面贯彻落实党的十八大、十九大精神，特别是习近平同志坚持和发展“枫桥经验”的重要指示精神，积极顺应经济社会发展新变化，全力推进“平安浙江特色小镇”建设，大胆探索实践基层社会治理新思路新举措，真正实现了社会由管理到治理、政府由管理到服务的转变，基本做到了“矛盾不上交、平安不出事、服务不缺位”，逐步呈现出“百姓和顺、乡村和美、社会和谐”的新景象。其具体经验是：通过抓住党支部书记这一“关键少数”，加强基层党组织带头人队伍建设，聚焦社会组织党建这一新领域，推动基层党组织全覆盖，用好党员“三亮”这一载体，强化基层党员监督管理，创建了“红枫党建”新品牌，全面提升了党建统领的能力和水平。通过以“四合一”平台集成治理资源和功能，以“最多跑一次”改革为牵引推进公共服务普惠化和均等化，以智慧防控提升平安建设水平，以民意为导向提升政法机关的良好形象，创建了乡镇治理新平台，全面提升了服务群众的能力和水平。通过培育引导社会组织健康有序发展，社会组织全方位参与社会治理，依法规范管理社会组织，创建了社会组织参与治理新格局，全面提升了多元共治的能力和水平。通过百姓的事由百姓商量办、大家的事让大家一起办、村里的事照村规民约办、干部的事在群众监督下办，创建了基层自治新模式，全面提升了民主自治的能力和水平。通过更加注重源头化解，更加注重多元化解，更加注重依法调解，创建了矛盾纠纷多元化解新机制，全面提升了社会风险防控的能力和水平。通过弘扬以敢为人先、勇立潮头的创造精神，以民为本、春风化雨的和合精神，就地解决、舍我其谁的担当精神为基本内涵和精神动力的“枫桥精神”，树立新的道德风尚，满足群众精神文化需求，创建了精神文化新家园，全面提升了治理文化建设的能力和水平。2017 年 8 月，由浙江省委政法委牵头组成的“枫桥经验”联合蹲点调研组进驻枫桥，调查了解新时代“枫桥经验”在枫桥这一源头的创新发展情况。通过调研，调研组得出了一个基本结论：毛泽东思想诞生了“枫桥经验”，习近平新时代中国特色社会主义思想孕育发展了新时代“枫桥经验”。新时代“枫桥经验”是习近平新时代中国特色社会主义思想的重大成果。在习近平新时代中国特色社会主义思想指引下，“枫桥经验”发生了质的变化和划时代的跃升，可以说，新时代“枫桥经验”是一个以人民为中心，不断提高人民群众的获得感、幸福感、安全感，顺应人民对美好生活向往的经验；是一个以党建为引领，多元主体共同参与治理，自治、法治、德治相融合，推动基层社会治理体系和治理能力现代化的经验；是一个实现社会平安和谐，高水平全面建成小康社会目标的经验。

第五章 “枫桥经验”在浙江的创新发展

进入21世纪,作为经济发达的东部省份和市场经济的先发地区,浙江率先遭遇“成长中的烦恼”,在社会治安、经济纠纷、安全生产等方面出现了一些新的矛盾和问题,特别是安全事故频发,由各类矛盾纠纷引发的群体性事件呈多发高发态势,在经济高速增长的同时所付出的社会成本和代价不断上升。习近平同志2003年任浙江省委书记后,经过深入调查研究,于当年11月在纪念毛泽东同志批示“枫桥经验”40周年大会上,发表了坚持和发展“枫桥经验”的重要讲话,全面阐述了新形势下创新“枫桥经验”的目标要求,明确要“始终站在改革发展稳定大局的高度,去思考、去实践、去创新‘枫桥经验’,不断探索新途径,创造新形式,建立新机制,充实‘枫桥经验’的内涵”。15年来,浙江省认真贯彻落实习近平同志重要指示精神,坚持把“枫桥经验”的基本精神融入基层社会治理的各个方面,推动“枫桥经验”走出诸暨、走出绍兴,在全省各地遍地开花、落地生根,持续深化“平安浙江”、“法治浙江”建设,赋予了“枫桥经验”新的科学内涵和时代特征,为在全国范围内推广发展“枫桥经验”积累了丰富的实践基础。

“枫桥经验”在浙江省域的创新发展，体现出了首创性、典型性和科学性，是“走在前列，干在实处，勇立潮头”的浙江精神的生动写照。从改革开放到现在，“枫桥经验”在浙江的创新发展可主要概括为三个阶段：

第一阶段是从改革开放到2003年前后，“枫桥经验”在浙江的继承发展阶段。十年“文革”动乱结束后，浙江率先恢复“枫桥经验”，针对与经济快速发展相伴而生的大量纠纷矛盾和社会治安问题，坚持专群结合、群防群治，探索形成“四先四早”矛盾纠纷化解机制，依靠群众就地消化纠纷矛盾，基本上做到“小事不出村，大事不出镇，矛盾不上交”，形成了“矛盾少、治安好、发展快、社会文明进步”的良好局面，成为全国社会治安综合治理的典型。

第二阶段是从2003年到党的十八大之前，属于“枫桥经验”在浙江的全面发展阶段。继2003年习近平同志指示坚持和发展“枫桥经验”后，2004年5月浙江省委作出了建设“平安浙江”的决策部署，习近平同志明确要求把发展“枫桥经验”贯穿于“平安浙江”建设始终，使平安建设各项工作的基础更扎实，成效更明显。2006年4月，浙江省委作出关于建设“法治浙江”的决定，把“枫桥经验”作为“法治浙江”建设的重要载体，以法治精神丰富和发展“枫桥经验”，使“枫桥经验”所蕴含的法治属性得到凸显。“枫桥经验”融入到“大平安”建设体系中，从由单纯地化解矛盾纠纷、维护社会治安，拓展到防范化解经济社会发展中各类风险，创造了乡镇(街道)综治工作中心、综治工作进民企、“全科网格”、领导干部下访约访等一批在全国有重要影响的特色工作,成为建设“平安浙江”、“法治浙江”的有效抓手。

第三阶段是从党的十八大到现在,属于“枫桥经验”在浙江的创新发展阶段。党的十八大以来,浙江省坚持以习近平新时代中国特色社会主义思想为引领,适应时代要求,发扬优良作风,创新群众工作方法,不断赋予“枫桥经验”新的时代内涵,善于运用法治思维和法治方式解决涉及群众切身利益的矛盾和问题,探索创新了自治、法治、德治“三治融合”和人防物防技防心防“四防并举”,“枫桥经验”由乡村向城区拓展,形成乡村治理与市域治理相辅相成、相得益彰的局面等经验做法,促进了经济发展与社会稳定同步推进,人民群众获得感、幸福感、安全感同步提升,成为中国基层社会治理的典范。国家统计局实施的全国安全感抽样调查数据显示,2003 年浙江省受访群众安全感满意率为 90.8%,低于全国 91.2% 的平均水平。在习近平同志指示坚持和发展“枫桥经验”一年后,2004 年全省群众安全感满意率提高到 92.33%,高出全国平均水平 1.49 个百分点。到 2017 年年底,浙江省群众安全感满意率提高到 96.58%,连续 14 年位居全国前列。特别是在 G20 杭州峰会这场大考中,浙江省交出了一份“绝对安全”“万无一失”的平安答卷。今天的浙江,已经被公认为社会最安全、发展最均衡的省份之一。

“枫桥经验”从改革开放以来在浙江的继承发展、全面发展和创新发展，是一个与时俱进、不断创新、不断丰富的过程，是一个由点到面、扩大覆盖、变“盆景”为“风景”的过程。目前，“枫桥经验”在浙江已经从最初的乡村走向城市社区、海岛渔区，延伸到互联网上，形成了城市“枫桥经验”、海上“枫桥经验”、网上“枫桥经验”等一系列典型经验集合群及工作模式，有力地提升了基层社会治理水平，确保了社会平安和谐。

纵观“枫桥经验”改革开放40年以来在浙江的发展，最重要的成果和最鲜明的特点就是：自治、法治、德治“三治结合(融合)”和智治支撑。

第一节 以自治为基，激发基层社会治理的内生力

自治属性是基层社会治理的重要特点，也是基层社会治理的重要基石。这与基层社会的特点和我国基层群众自治制度是分不开的。基层群众自治是我国宪法确定的一项基本民主政治制度，也是加强和创新基层社会治理的内驱动力。这里的“自治”，包含但不局限于村民自治、居委自治的概念，而是指“基层社会自治”，是社会成员基于个人权利、民主参与所形成的自我治理的社会组织形式，是一个开放性的自我治理结构体系。村民自治是指与集体土地产权

相关联的行政村村民的“成员身份自治”。根据《村民委员会组织法》的规定,村民自治的主体是村委会。村民自治组织是基层社会多元治理主体中的一元。居民自治与村民自治相似。与之相比,“基层社会自治”的内涵更丰富,包括市场、行业、社会组织等自治主体和形式,核心内容是“居民村民能做的交给居民村民去做,社会组织能做的交给社会组织去做,市场能做的交给市场去做”。长期以来,由于政府大包大揽、管得过“宽”,大量事务和矛盾实际上都汇集到政府身上,对社会自我调节、居民村民自治空间产生了挤压与反向依赖,影响了城乡社区、村集体成员的参与性、主动性和积极性,基层社会自治作用发挥得比较有限。浙江省坚持和发展“枫桥经验”,注重发挥群众在社会治理中的主体作用,创新基层民主自治的方式方法,积极推动群众对基层公共事务的自我管理,鼓励和支持城乡社会成员(居民、农民)、社区企业、社会组织发挥更大作用,促进政府治理和社会自我调节、居民村民自治良性互动,健全完善了以群众自治组织为主体、社会各方广泛参与的新型城乡社区治理体系,既保证公共利益最大化,又确保社区成员个人权益、个人意愿的实现。

一、创新完善基层民主自治制度

浙江省不断完善和落实《村民委员会组织法》《城市居民委员会组织法》所规定的基层民主选举、民主决策、民主管理、民主监督制度，坚持村(居)民直接民主选举制度，制定出台了城市居民委员会选举规程，在全国率先实现行政村建立村务监督委员会，大力推行基层“民主恳谈”“民情沟通日”“民情日记”“民情档案”以及“网上民意直通车”等有效做法，全面实行村务、政务、厂务公开，依法保障了基层群众的知情权、表达权、参与权、监督权。比如，诸暨市枫桥镇探索实行村级重大事项“三上三下”民主决策机制，使村里的重大事务由村民自己议、自己定、自己干、自己管。即“一上一下”征求意见，对村级重要事务或建设项目由村“两委”(即村中国共产党支部委员会和村民自治委员会)提出规划方案，送发村民征求意见；“二上二下”酝酿论证，对征求到的村民意见或建议由村“两委”集体汇总分析，将修改方案提交党员议事会和村民代表恳谈会酝酿论证，达成共识；“三上三下”审议决策，将经过村“两委”酝酿完善后的方案，提交全体党员和村民代表联席会议审议表决后组织实施。全省各地积极探索建立以城乡社区党组织为核心、以群众自治组织为主体、社会各方广泛参与的新型城乡社区治理机制。嘉兴市普遍推广建立百姓参政团、道德评判团、百事服务团，搭建基层群众参与重大决策、公共事务的平台，形成“大事一起干，好坏大家判，事事有人管”的良好局面。

二、注重发挥村规民约的自律规范作用

村规民约、社区公约是村(居)民群众共同参与城乡社会治理的制度化载体，是依据党的方针政策和国家法律法

规,结合本村(社区)实际,为维护本村(社区)的社会秩序、生产秩序、社会公共道德、乡风民俗、精神文明建设等方面制定的约束规范村(居)民行为的一种规章制度。村规民约、社区公约的功能,简言之,就是“有法依法,无法依规”。村规民约、社区公约是用来填补法律空白,或者在不违反法律强制性规定的前提下,以村(居)民共同认定的“公约”形式来规范约束村(居)民行为的自治规范依据。从 2015 年开始,浙江坚持和发展“枫桥经验”,率全国之先,在全省范围全面组织开展了制定修订和实施村规民约、社区公约活动,全省 3.2 万个村(社区)全部完成制定修订任务。实践证明,村规民约、社区公约制定得好的、履行得好的村(社区),村(居)民自治程度就高,村级集体经济和社会事业就发展得好。一些村级集体经济落后、村级民主管理混乱的村(社区),村级公共事业难办,与没有形成村(居)民共同认同和遵守的村规民约、社区公约直接相关。许多地方通过推行村规民约、社区公约,婚姻家庭邻里纠纷少了,邻里关系更加和谐融洽了,一大批公共安全隐患得到有效整改,有力促进了基层平安和谐。有的地方紧紧围绕党委、政府的中心工作,把“五水共治”“三改一拆”等重点工作的相关内容和要求写入村规民约、社区公约,争取广大群众的内心认同,彻底改变了村、社区脏乱差的面貌,形成共建美丽家园、共创美好生活的喜人局面。比如,枫桥镇《陈家村村规民约》融合了法律法规、民间习惯、善良风俗,十年来得到了当地村民的高度认同和遵守，规范了村民自治、淳化了当地民风，成为乡村治理中的重要制度样本。龙游县贺田村的《村规民约》对垃圾源头分类、定时定点投放作出明确规定，如有人违反，就会罚他送给每家每户一斤猪肉、十斤馒头。宁波市镇海区十七房村为保护河道清洁，在环村河岸边设立一块“禁碑”，上面刻着在河边禁放牛羊、禁止堆积杂物、不准投放污物等约定，如有人违反，也要罚分馒头。因为有这样的“猪肉令”“馒头令”存在，在贺田村、十七房村，条条河流溪流都常年保持整洁的面貌。实践证明，通过推行村规民约、社区公约约束村(居)民行为、保障群众利益、解决实际问题，对维护基层社会和谐稳定、促进社会文明和生态文明具有重要的现实意义。

三、大力培育发展社会组织

社会组织在现代基层社会治理中具有独特的优势，是群众参与基层自治的重要平台。浙江省高度重视社会组织的培育和实质性作用的发挥，以开放性架构吸纳社会力量参与社会治理，着力形成多元化治理模式。近年来，加大社会组织登记管理制度改革力度，推进政府向社会组织购买服务工作，推行社会组织等级评估工作，加快社会组织信用体系建设，通过良好的经济社会环境和政府有力的发展培育政策，不断优化社会组织发展的环境，扩大发展的空间。全省经各级民政部门依法登记的社会组织从 2007 年的 2.4

万个增加到2017年的5.1万个;2017年平均每万人拥有社会组织数9.2个;纳入备案管理的社区社会组织达15万个。比如,诸暨全市共有社会组织2236家,参加人数达273,970人,占150万常住人口的18.3%。像枫桥镇,有覆盖各个阶层、各类人群的社会组织近50个,涵盖了治安巡逻、矛盾化解、网格化管理、心理服务、特殊群体帮扶等各个方面,参加人数达17,850人,平均每3人中就有1人参加了社会组织。特别是加快培育与现代社会治理结构相适应的公益性、互助性社会组织,支持行业协会商会类社会组织发展,发挥其在反映群体诉求、参与社会事务、维护公共利益、救助困难群众、协调群际关系、化解矛盾纠纷中的重要作用。目前,全省建立平安志愿者队伍3.5万支、230万余人,涌现出了“红枫义警”“乌镇管家”“武林大妈”“乡贤参事会”“老娘舅”“和事佬”等一大批各具特色的金牌平安志愿者队伍。

四、积极鼓励市场主体广泛参与

浙江是市场经济先发省份。“看市场、到浙江”“建一个市场、带一批产业、活一方经济、富一方百姓、兴一座城市”“哪里有市场哪里就有浙江人、哪里有浙江人哪里就有市场”,是浙江市场活力的生动写照。企业不仅仅是谋取自身利益最大化的经济体,而且作为社会的细胞,还是基层社会自治的重要推动者。浙江坚持“市场能做的交给市场去做”,注重培育企业社会责任,发挥企业在社会治理中的作用,积极探索基层社会治理中引入市场机制的新路子。早在2008年,浙江省即出台关于推动企业积极履行社会责任的若干意见,明确了推动企业积极履行社会责任的重点内容,要求支持和引导社会资源向积极履行社会责任的企业倾斜。2015年,还成立了浙江省企业社会责任促进会,并对外商投资企业建立了社会责任评估体系。近年来,浙江省注重加强政企合作,打造和谐融洽的政企合作伙伴关系,助力基层社会治理。比如在公共安全领域,与海康威视的合作具有代表性。海康威视是以视频为核心的物联网解决方案和数据运营服务提供商,面向全球提供领先的视频产品、专业的行业解决方案与内容服务。2016年杭州峰会期间,杭州市所有监控点位所获得的视频资料,全部即时汇总到杭州市公安局的海康IVMS总平台,这些视频数据形成一个巨大的数据库,供G20总指挥中心调度使用。海康威视的视频平台在峰会期间运行安全稳定,指挥部及各检查站大屏画面畅通优质,没有发生一起故障,使峰会保障工作得到了上级部门的高度赞扬。海康威视与桐庐县合作打造智慧城市,阿里巴巴与衢州市合作建设“城市数据大脑”和“雪亮工程”,大华股份承接银行业ATM安保业务,等等。此外,以建设宁波市国家保险创新综合实验区为契机,探索发挥保险行业在基层社会治理中的作用,鼓励发展食品安全责任险、医疗责任险、火灾公共责任险、巨灾保险、城镇住房综合保险和涉罪未成年人监督考察期间意外伤害责任险等险种,加快发展各类服务民生的责任保险,充分发挥责任保险的社会服务和经济补偿功能,为妥善化解矛盾纠纷、防范化解社会风险提供了新的途径。

第二节 以法治为本,增强基层社会治理的硬实力

法治是治国理政的基本方式,基层是依法治国的根基。法治国家最终要体现在基层,法治政府最重要服务在基层,法治社会最重要落脚在基层。一方面,法治建设的薄弱环节在基层;另一方面,法治建设的活力源泉也在基层。在加强社会治理中,许多长期困扰基层的问题,必须依靠运用法治思维和法治方式去解决。2006 年,浙江省委十一届十次全会作出了关于建设法治浙江的决定。十多年来,浙江坚持把“枫桥经验”作为法治浙江建设的重要载体,充分尊重广大干部群众在基层法治方面的创造性实践,把发动群众、组织群众作为落实社会主义法治理念的依托和基础,把依法治国各项要求落实到城乡各个基层组织,让法治成为人民群众“身边的法治”“家常的法治”“管用的法治”,增强了基层社会治理的硬实力,确保法治在基层社会治理中发挥根本性作用。

一、制定完善基层社会治理的地方性法规

近年来,浙江省按照不断完善中国特色社会主义法律体系的总要求,加强党对地方立法工作的领导,从经济社会发展实际出发,重点加强涉及面广、敏感性强、与群众利益密切相关的社会治理领域立法,不断提高立法质量,切实发挥立法对基层社会治理创新的引领和推动作用,取得了明显成效。党的十九大闭幕不久,2017 年 11 月,浙江省十二届人大常委会修订通过了《浙江省社会治安综合治理条例》。该条例将近年来全省社会治理实践中行之有效的措施,特别是 G20 杭州峰会维稳安保工作中探索积累的新经验、新做法用法规形式固定下来,比如建立健全矛盾纠纷多元化解机制、重大决策社会稳定风险评估制度、重点领域实名制管理制度等。除此之外,修订或制定了浙江省志愿服务条例、公共信用信息管理条例、消防工作条例、见义勇为条例、房屋使用安全管理条例、工伤保险条例等一系列与基层社会治理密切相关的法规。为加强无人机安全管理立法,小型无人驾驶航空器安全管理条件(草案)已经省人大常委会初次审议;精神卫生、人民调解等有关立法项目的调研准备工作已经展开。2017 年,绍兴市秉持“不抵触、有特色、可操作、重实效”基本原则,坚持问题导向,积极发挥立法的引领和推动作用,制定了《绍兴市文明行为促进条例》。该条例针对绍兴市地域特色和公民文明程度现状,设立公

共环境文明、交通文明、社区文明、家庭文明、饲养宠物文明、旅游文明、商业文明、乡风文明八个方面的具体行为规范,为进一步提升市域社会治理现代化提供了重要制度保障。

二、依法化解基层矛盾纠纷

健全公共法律服务体系,普遍建立乡镇(街道)法律服务中心,全面推行“一村(社区)一法律顾问”制度,培育了一大批“法治带头人”、挖掘一批“法律明白人”、命名一批“尊法学法守法用法示范户”,用身边事现身说法,示范引领广大群众养成办事依法、遇事找法、解决问题用法、化解矛盾靠法的法治习惯,进一步提高了矛盾纠纷化解的制度化、法治化水平。注重从决策源头预防矛盾,在省、市、县三级建立重大决策社会稳定风险评估机制。2010 年以来,全省共评估重大事项 10,477 件,停止或暂缓实施 499 件,最大限度地防止了因决策不当引发新的社会矛盾。注重依法维护群众合法权益,健全完善和落实相关政策,妥善处理群众反映强烈的土地征用、房屋拆迁、劳动社保以及涉军等特定利益群体等突出问题。比如,桐乡市在浙江省率先创立“依法行政指数”考核制度,引入群众满意度评价,每年向社会公布前三名、后三名,让社会各界监督,倒逼相关部门依法行政、高效行政,并建立重大决策终身责任追究制度。坚持推动信访工作法治化,畅通群众诉求表达机制,连续 15 年坚持省领导下访，广泛开展县委书记大接访活动，目前每天都有县级党政领导在县级信访局坐班接待群众来访。不断完善诉讼、仲裁、行政复议等法定诉求表达机制，推动群众的合理诉求在法治轨道上得到有效解决。

三、着力提升基层群众法治素养

浙江省认真实施国家“六五”“七五”普法规划，健全完善覆盖城乡的法治宣传教育体系，深入学习宣传以宪法为核心的中国特色社会主义法律体系，积极推动“谁执法谁普法”“谁主管谁普法”的普法责任制落实。坚持以领导干部、公务员、青少年、企事业单位经营管理人员、农民和流动人口为重点，结合机关、乡村、社区、学校、企业、单位的工作实际，深入开展“法律六进”等法治宣传教育活动，进一步提高了普法的渗透率和覆盖率。全面实施“民主法治村”“诚信守法企业”等法治创建工作，近五年来，全省建成县级以上“民主法治村”27,059 个，命名县级以上“诚信守法企业”8426 家。加快建设社会主义法治文化，深入推进公共法律服务窗口、法治文化场所、人民调解室、社区矫正工作站等法治阵地建设，让村（居）民在日常生产生活中接受法治熏陶。通过组织学法、引导用法、严格守法，把基层社会治理进一步纳入法治轨道，努力让法治成为群众的共同意识和行为准则，使循法而行成为基层干部群众的自觉行动。

第三节 以德治为先,提升基层社会治理的软实力

加强基层社会治理,需要注重乡土人情、道德规范的情感认同。虽然我国社会正经历转型,但在农村基层,人情社会、熟人社会的基本特性并未发生根本性改变。在人情社会,对人们行为的规范与评价,道德、习俗充当着不可替代的独特角色,发挥着不可或缺的重要作用。厉行德治,通过道德评价从内心情感约束人们行为,形成并维护人们所期望的社会秩序,达到春风化雨、润物无声的效果,体现了基层社会治理的“软实力”。浙江省坚持和发展“枫桥经验”,在基层社会治理中融入德治,充分发挥中华优秀传统文化优势,大力弘扬社会主义核心价值观,通过乡贤文化、道德榜样、家训家风、生活礼俗的教化作用,引导人们行为、规范社会秩序,发挥了道德引领、规范、约束的内在作用,增强了乡村自治和法治的道德底蕴,为自治和法治赢得情感支持、社会认同,使基层社会治理事半功倍。

一、以宣弘德

浙江始终坚持社会主义核心价值观的引领地位,广泛开展宣传教育活动,大力弘扬“红船精神”,秉持与时俱进的

浙江精神，发展社会主义先进乡村文化，塑造与时代要求相适应的新的道德标准，致力打造基层社会治理的道德高地。近年来，全面实施了社会主义核心价值观建设“六大行动”，广泛开展“我们的价值观”大讨论活动，大力宣传时代楷模、道德模范和身边好人。以农村、社区、企业为重点，大力推进农村文化礼堂、社区文化家园、企业文化俱乐部建设。2013 年以来，农村文化礼堂每年列入政府十大民生实事，全省已建成农村文化礼堂 8000 多个，围绕“文化礼堂、精神家园”定位，推动教育教化、乡风乡愁、礼节礼仪、家德家风、文化文艺进礼堂。加强未成年人思想道德建设，在全省 2 万余个行政村实施“春泥计划”，建成了 1000 余所乡村学校少年宫。全省已创建成全国文明城市 14 个、全国文明村镇 191 个、全国文明单位 249 个。

二、以文养德

注重弘扬中华优秀传统文化，继承并创造性转化、创新性发展沉淀在民族精神中的推己及人、行为适宜、遵守规矩、谨守本分、明辨是非、温和友善、诚实守信、忠国爱家等传统美德，正民心、树新风，营造乡村德治氛围，维护乡村德治秩序。浙江省挖掘和运用“江南第一家”浦江县郑宅镇郑氏义门家规家训中的积极元素，大力推动德治建设。2015 年 5 月，中纪委网站“中国传统中的家规”专栏首期推荐郑氏 168 条家规。2016 年年初，取材于郑氏义门的廉洁动漫片《郑义门》登录央视多个频道,引发收视热潮与热烈反响。杭州市临安区板桥镇上田村文化底蕴浓厚,刘钱姓氏文化博大精深,世代倡导“以诚待人、以信处事、以义取利”的传统美德。该村深入挖掘刘钱文化的历史,结合钱氏、刘氏、潘氏等家训内容,制定了“上田村训”,即“爱集体、正德行、敦孝悌、睦乡邻、怀善心、尚学业、务勤奋、正财道、持节俭、重修养、交良友”。2010 年建成占地 5000 平方米的文化广场,并建立了文化展览馆,作为村民开展文化活动和展示村庄发展成就的场所。每当村里小伙子迎娶媳妇,都要在文化礼堂举行新人礼,新人与全村村民见面,诵村训,唱村歌,向父母敬茶,作孝敬承诺。除了新人礼外,村民有了新生儿,孩子正式入学,都会举行专门的仪式,在潜移默化中进行文化传承。比如,衢州市江山市大陈村是一个有着六百多年历史的古村,历来以尚德重教著称,传统文化源远流长,曾经留下了许多感人的传说典故。然而随着斗转星移,这些优良传统曾经式微,许多村民闲时只知打牌搓麻将,或是流言蜚语口角纷争,道德滑坡,邻里失和现象普遍。大陈村充分认识到传承优秀传统文化的重要性和必要性,对汪氏宗祠进行了修缮提升,将族规族训镌刻上堂,先祖的传统美德故事绘制上墙,供村民瞻仰铭记,先后改造建设了“先贤馆”“国学传承教育基地”“家风家训展示墙”等附属场所,让村民接受优秀传统文化的熏陶,在潜移默化中提升思想觉悟和道德素养。同时,枫桥等地积极鼓励发展乡贤组织,培育具有地方特色和时代精神的新乡贤文化,吸引和支持企业家、党政干部、专家学者、医生教师、技能人才等回馈故里,参与基层社会治理。乡贤们从乡村走出去又回归乡土,用自己的奋斗历程和言、行、德影响家乡,以自己的道德力量、财富、技能参与新农村建设和治理,担当起一方乡土文化建设的主导力量,发挥了在传承传统文化与弘扬核心价值观中的“引领者”作用。

三、以评树德

开展“发现最美浙江人,争做最美浙江人”评选活动,通过评选道德模范、文明家庭等,涌现出了一大批群众身边的道德模范和先进人物,可亲、可敬、可信、可学,形成了“最美浙江”现象。在乡村,通过道德评判团、乡风评议团等,促进居民之间的情感交流和关系和谐,形成了“大事一起干,好坏大家判,事事有人管”的良好局面。许多村(社区)建立了“道德红黑榜”制度,一方面,在“黑榜”上对各类不道德行为进行曝光;另一方面,在村“励志廊”,设立了能人榜、孝悌榜、贡献榜等,展示市级以上“道德模范”“平民英雄”“好婆婆”“好媳妇”“文明示范户”“五好家庭”等典型人物及先进事迹,努力在“红”“黑”对比中引导村民的行为。比如,德清县开展“民间设奖、民奖民评”活动,共先后设立“诚信市民奖”“见义勇为奖”“医德医风奖”等55个“草根道德奖”,涵盖孝敬父母、环境保护、助人为乐、见义勇为、励志助学、医患和谐等多个方面,对品行优良的基层道德模范实行奖励,并通过获奖者现身说法,百姓仿效学习,形成由点到面、由少到多、由个体到群体的“滚雪球”效应,有效推动了乡风文明建设,促进了社会平安和谐。

第四节 以智治为用,注入基层社会治理的新动力

基层社会治理没有信息化,就不可能实现现代化。现代信息技术的迅速发展,对现有的社会治理结构和社会秩序既带来机遇,也带来挑战。一方面,物联网、云计算、移动互联网、大数据等新一代信息技术在矛盾化解、社会治安、社会应急、公共安全等社会治理领域的应用有着巨大潜力,可以增强社会活力,提升社会服务;另一方面,社会信息化条件下,人们的思维方式、行为方式都发生深刻变化;社会主体在虚、实两个空间切换,在客观上造成了监管的对象不明确,增大了基层社会治理的难度,也可能带来社会不稳定因素。近年来,浙江在继承发扬“枫桥经验”传统做法的基础上,进一步树立联动融合、开放共治、数据驱动的理念,提出构建“互联网+社会治理”新模式、打造“枫桥经验”升级版的目标,围绕矛盾化解、公共安全、执法司法、基层自治、诚信体系等重点领域,实行“互联网+”社会治理行动,在建

设模式、应用模式和服务模式上作出积极探索，打造出“网上枫桥”新模式，释放出“互联网 +”在基层社会治理领域的新效能。可以说，既把“枫桥经验”讲的“拉个板凳坐下来”传统手段继承好，又善于从“面对面”到“键对键”，把“脚板”与“鼠标”有机结合起来，有力提升了基层社会治理的智能化水平。

一、积极构建“互联网 +”公共服务体系

借助信息化手段拓展为民办事的新领域、新渠道，搭建与群众的沟通平台，是坚持和发展“枫桥经验”的重要方法和手段。浙江省紧紧围绕让老百姓“少跑脚、多按钮，问题解决在家门口”的目标，开展了大量的探索实践，通过浙江省平安信息系统，开发和推广“平安浙江 APP”，受理、流转、处理为民服务事项，推进基层社会治理更精细、服务群众更直接，加快“浙江公共法律服务网”建设，整合网上网下法律服务资源，有效提升了公共法律服务供给能力。特别是 2016 年以来，以“最多跑一次”改革为牵引，撬动“互联网 +政务服务”，进一步整合基层各部门、各单位公共服务平台和窗口，加快推动跨部门、跨行业涉及公共服务事项的信息互通共享，促进办事部门公共服务相互衔接，打通网上服务“最后一公里”，变“群众奔波”为“信息跑腿”，变“群众来回跑”为“部门协同办”，从源头上提升公共服务整体效能。2016 年 9 月开始，结合乡镇（街道）行政管理体制改革，设

立综合信息指挥室,搭建乡镇(街道)综治工作、市场监管、综合执法、便民服务“四个平台”,推动基层社会治理工作朝着“大整合”“大联动”“大融合”的方向前进,进一步增强了基层精准管理、精细服务能力。同时,把乡镇(街道)“四平台”与“全科网格”深度融合、一体推进,在村(社)以下因地制宜地划分网格、组建服务团队,将“七网八网”整成“一张网”,“七员八员”合成“一个员”,通过“人往格中去、事在网中办”的“全科网格”模式,有效打通服务基层群众的“最后一公里”。目前,“全科网格”的最前端是一支拥有 23.4 余万人的“网格员”队伍,构筑起了“纵向到底、横向底边”和“纵向联动、横向整合”的基层社会服务管理网格,真正让老百姓最多跑一次、跑也不出村。2017 年,全省互联网普及率高出全国平均水平 15%,浙江政务服务网名列全国省级政府网上政务服务能力第一,成为全国“互联网 +”先行示范区。

二、积极构建“互联网 +”多元矛盾纠纷化解机制

“互联网 +”为矛盾纠纷多元化解提供了新的标准和视角,提供了新的平台。近年来,浙江省许多地方积极探索符合时代发展的矛盾纠纷多元化解新途径,建立集网上受理、网上咨询、在线调解等功能于一体的网络便民服务平台,不断提升对矛盾纠纷的预防、研判与化解能力,着力提高纠纷解决效率。特别是 2016 年 4 月,中央综治办在浙江省进行

“矛盾纠纷多元化解一体化网络平台”创新项目试点。在线矛盾纠纷多元化解平台由政府搭建、监管，对各类解纷资源进行认证、规范，对各类数据进行加密存储、分类统计、综合运用。2017 年 3 月，在线矛盾纠纷多元化解平台正式上线，并迅速在全省推开。平台除了整合各地现有解纷资源外，还通过与阿里巴巴、新浪、法信、易判、安存等合作，汇聚了 4066 名调解员，1344 名咨询师，3 家仲裁机构和 18 家法院，为用户提供更丰富的服务资源，形成一个有序竞争的纠纷化解生态圈，更好地为人民群众提供优质的纠纷解决服务。该项目荣获第二届中国互联网法治大会“优秀‘互联网 + 法律’创新项目”。全省各地在试点应用的基础上，将“互联网 + ”与诉讼服务、调解审判执行等相结合，创新陈辽敏网上工作室、电子商务网上法庭、电子督促程序、三方远程审理模式等新载体，促进了大量的矛盾纠纷线上化解，为当事人减少了诉讼成本。此外，还深化信访工作制度改革，大力推行网上信访工作模式，探索建立全省统一政务咨询投诉举报平台，进一步畅通群众反映诉求的渠道。

三、积极构建“互联网 + ”社会风险防控体系

坚持把精细化、标准化、常态化理念贯穿于公共安全工作全过程，推动公共安全工作与网络信息技术高度融合，创新公共安全防范手段和管理模式，提高维护公共安全能力水平。在社会治安方面，针对越来越多的犯罪行为“智能

化、专业化、隐蔽性高”等特征，通过大力推进公共安全视频监控建设和联网应用(雪亮工程)，深入推广和落实交通客运实名购票、寄递物流实名收寄、瓶装燃气和散装汽油实名销售、移动电话用户和出租房民宿(农家乐)等实名登记制度，用数据说话、用数据管理、用数据创新，使预警更加科学、防控更加有效、打击更加精准。目前，全省已建成各类视频监控252.9万个，在全省范围内形成了城乡对接、覆盖面广、安全可靠、打防管控有力的公共安全视频监控大联网共享体系。在大型活动组织和人员聚集场所管理方面，充分利用“热力图”“关键词搜索”等技术，加强人流监测、人群聚集热点预测，利用电子围栏和视频监控来实时预警。在重点人员、重点行业、重点地区管控方面，通过监管数据实现预警管理，对不同的对象实行预警等级分类，实行不同的管控措施。特别是对重点人员购买重点物资、前往重点地区、涉及重点事务和重点行业出现问题投诉较多、重点地区发生安全事故等情况，进行大数据的关联性分析，落实全方位、多层次的预警管理。温州市创新运用物联网技术，实现对全市登记备案188万辆电动车在线管控，电动车被盗案件从2013年的28,669起下降到2017年的3702起，下降幅度高达87.1%。同时，大力拓展感应感知网络建设，逐步实现对船舶、危险物品、出租房屋等的精确定位、轨迹追踪和动态监控，全力打造“在线管控模式”社会治安防控体系。大力推广出租房屋旅馆式管理模式，将流动人口集聚的村(社区）视作一个旅馆，每间出租房屋视作旅馆的房间，在村（社区）设立前台，制定建筑安全、消防安全、治安安全和环境卫生等准入标准，依托信息系统实行委托式统一管理。在安全生产方面，宁波市运用物联网、电子标签、卫星定位等现代信息技术，创新危化品物流安全动态监管模式，探索建立了危化企业监测、预警、防控、处置系统平台，形成了对危化品源头控制、过程跟踪、全程管控的全过程、全链条信息化管理体系。在此基础上，总结推广宁波做法，进一步运用好物联网、云计算等新技术，对特种设备运行、危险化学品及烟花爆竹运输存放、矿山作业、车辆行驶状况等，构建全过程、无缝隙监管体系，实现对各类风险自动识别、预警，预防和减少公共安全事故的发生。

四、积极构建“互联网＋”执法司法体系

在互联网时代，政法机关如何运用信息化手段满足群众多样化的司法需求，已成为坚持和发展“枫桥经验”的一项重要内容。浙江省在执法司法信息化建设方面起步比较早，率先建立了全国首个平安建设信息网、首个网络公安局、首份司法透明指数、首次网络司法拍卖。2016 年 11 月，浙江省高院与阿里巴巴集团达成战略合作协议，依托法院沉淀的案件数据资源，结合公安、政务、电商、金融、社交、航运交通等周边数据，共同打造“智慧法院”，推进司法审判的网络化、阳光化和智能化，2017 年浙江省法院上网公开裁判

文书居全国首位。全省检察系统运用智能语音识别技术、远程视频监控技术,建成“远程视频提审系统”,检察官足不出户就可完成远程提审。省高院联手芝麻信用,督促“老赖”履行义务。省检察院、省公安厅分别与阿里云计算有限公司、大华股份签署战略合作协议,在信息化建设方面展开深度合作。2017 年 2 月,浙江省围绕打造政法信息化建设示范省目标,出台相关意见和政法数字化协同工程规划,全面启动以“一朵‘政法专有云’、五个基础协同平台、八个示范项目”为主要内容的政法数字化协同工程。2017 年 7 月,浙江省政法一体化办案系统试点运行启动,通过跨部门数据交换、业务协同、数据共享、流程再造,构建起政法机关一体化的网上协同办案体系。截至 2018 年 4 月,试点地区政法机关通过一体化办案系统协同办案 4974 件,涵盖了逮捕、起诉、审判、执行、换押和减刑假释等刑事诉讼流程,同类案件的办理时间同比缩短了 30%,大大提高了办案效率。2017 年 8 月,全国第一家集中审理涉网案件的试点法院——杭州互联网法院正式挂牌成立。截至 2018 年 3 月,杭州互联网法院已受理网络购物、互联网金融、网络著作权纠纷等案件 5774 件,审结 4206 件,与关联当事人的案件 100% 实现在线开庭审理,线上庭审耗时比线下节约63.2%,一审服判息诉率达 97%,效率和质效优势明显。2018 年 1 月,基于微信小程序的全国首个“移动微法院”在宁波市两级法院全面上线,实现了当事人“在手机上打官司”的愿望,最高人民法院将在全国推广这一做法。

第五节 “枫桥经验”浙江化创新的经验与体认

“枫桥经验”在浙江的创新发展，为促进国家治理体系和治理能力现代化贡献了浙江元素、提供浙江样板，具有重大的现实意义。在坚持和发展“枫桥经验”的实践中，主要有五个方面的理论认识：

一、初心不改是“枫桥经验”的灵魂所在

“枫桥经验”一路走来，无论在哪个历史阶段，坚持以“人民为中心”，坚持“为了群众、依靠群众”都是其精神内核和核心要义，也是其不断创新发展的基本点。55 年来，尽管浙江经济社会环境和条件发生了巨大变化，但是“枫桥经验”的为民初心始终没有改变，这也正是“枫桥经验”永不褪色、永葆生机的精髓和关键所在。当前群众最盼望的就是人民安居乐业、社会安定有序、国家长治久安，最关心的就是民主、法治、公平、正义、安全、环境等方面，最怨恨的就是黄、赌、毒、黑、拐、骗等社会治理方面存在的突出问题以及公共领域安全问题。坚持和发展“枫桥经验”，就要从群众不幸福、不快乐、不满意的地方入手。对此，浙江提出要以增强群众获得感、幸福感、安全感为目标，坚持问题导向、民

意导向，按照“群众想什么，我们就干什么”的要求，充分运用新时代“枫桥经验”的精神实质，着力解决好群众最盼、最急、最怨的突出问题，善于在加强与群众的沟通联系中增进与群众的感情，在真心为群众办实事解难事中赢得群众的信任，在维护群众权益中获得群众的支持，切实打牢社会治理的民心基础。

二、与时俱进是“枫桥经验”的活力所在

坚持和发展“枫桥经验”，就要主动适应社会主要矛盾新变化，不断赋予其新的时代内涵。55 年来，“枫桥经验”之所以长盛不衰、历久弥新，就是因为体现了“变”与“不变”的辩证法。“不变”的是，依靠群众、发动群众发现矛盾化解矛盾这一基本规律。“变”的是，根据不同时期的形势任务，主动适应新的形势发展需要，不断赋予“枫桥经验”新的时代内涵。可以讲，“枫桥经验”55 年来的发展历程，就是不断顺应形势任务需要，创造性解决不同时期社会矛盾和问题的过程。当前，我国社会主要矛盾已经转化为人民日益增长的美好生活需要和不平衡不充分的发展之间的矛盾，尤其是在浙江“两个高水平”建设进程中，人民群众对民主、法治、公平、正义、安全、环境等方面的要求更高，对获得感、幸福感、安全感更加注重。解决这些问题，回应人民需求，迫切需要我们准确把握新时代新要求，不断地丰富发展“枫桥经验”的时代内涵，发挥新时代“枫桥经验”在提升基层社会

治理能力和水平上的独特作用。此外,浙江省各地在不同时期,因地制宜、因时制宜、因事制宜,不断创新发展了“枫桥经验”,实现了“枫桥经验”的与时俱进。

三、群众首创是“枫桥经验”的动力源泉

坚持和发展“枫桥经验”,就要始终坚持人民主体地位、尊重群众首创精神。“枫桥经验”来自基层探索和群众实践。尊重人民群众的首创精神和主体地位,是“枫桥经验”茁壮成长、生生不息的力量源泉。这些年来,浙江省的“网格化管理、组团式服务”“三治融合基层社会治理体系”“社会组织参与社会治理”“互联网+社会治理”等一大批在全国有影响的经验做法,都是来自于基层的生动实践和干部群众的探索创造。实践证明,坚持和发展“枫桥经验”的过程,就是依靠群众化解矛盾、解决问题的过程,就是把中央和省委确定的工作目标任务与基层群众创造性实践相结合的过程。实践告诉我们,基层的探索和群众的实践往往走在干部的认识前面。在新时代,坚持好发展好“枫桥经验”,离不开人民群众的积极参与。要继续走好群众路线,诚心拜群众为师,虚心向群众学习,善于从群众中汲取丰富营养和智慧力量,尊重群众主体地位,发挥群众首创精神,把平安浙江建设和社会治理工作建立在牢固的群众基础之上。

四、由点及面是“枫桥经验”的实践逻辑

坚持和发展“枫桥经验”，就要变“盆景”为“风景”、聚“风景”为“全景”。“枫桥经验”55年来的发展历程，就是一个由点及面、不断辐射、扩大覆盖的过程。这些年来，“枫桥经验”已经在浙江大地遍地开花结果。但是，对照推动新时代“枫桥经验”实践成果、理论成果、制度成果全面落地、全面见效的要求，仍然存在不少差距。比如，创新亮点做法复制推广不平衡、不充分，“盆景”多、“风景”少，有的甚至是“墙内开花墙外香”。为此，要在全面总结新时代“枫桥经验”基础上，部署实施全科网格建设规范提升工程，自治、法治、德治“三治融合”基层社会治理体系建设推广工程，社会组织参与社会治理规范提升工程，“互联网＋”社会治理深化提升工程，社会心理服务体系建设推广工程，流动人口服务管理提升工程。通过深入实施总结提升推广新时代“枫桥经验”六大工程，努力变“盆景”为“风景”，聚“风景”为“全景”，形成遍地开花、满园春色的良好局面。

五、党建统领是“枫桥经验”的本质特征

坚持和发展“枫桥经验”，就要着眼固本强基，充分发挥村居党组织、社会组织党组织、企业党组织等基层党组织的战斗堡垒作用。坚持党建统领，充分发挥基层党组织的战斗堡垒作用，是“枫桥经验”的政治优势，也是其不断创新发

展的根本保证。实践表明，一个地方“枫桥经验”运用得好不好，基层治理得好不好，与基层党组织能不能很好地发挥其领导核心作用密切相关。我们深刻地认识到，中国特色社会主义的本质特征是中国共产党的领导，党的领导要通过各级党组织特别是基层组织卓有成效的工作来实现。创新基层社会治理，根本在于通过加强基层党的建设，把党的领导深深根植于人民群众之中，实现党领导社会治理、依靠群众加强社会治理。

第六章　新时代基层社会主要矛盾深刻变化与“枫桥经验”的转型升级

第一节　新时代基层社会主要矛盾的深刻变化

习近平总书记在党的十九大报告中指出：“中国特色社会主义进入新时代，我国社会主要矛盾已经转化为人民日益增长的美好生活需要和不平衡不充分的发展之间的矛盾。”在此背景下，基层社会矛盾也呈现出一系列新的特点。

一、当代中国社会环境的重大变化

改革开放推动中国社会实现了三大转变，即从封闭半封闭社会向开放社会转变，从农业社会向工业社会转变，从高度集中的计划经济体制向充满活力的社会主义市场经济体制转变，走上了现代化、市场化、城市化、全球化的发展轨道。经济体制、政治体制、文化体制和社会体制相应发生了深刻变化。

首先，社会资源配置方式发生重大变革，从根本上改变了国家与社会成员之间的关系，计划经济时代的管控型社会管理体制失去了最重要的体制支撑。随着市场化改革的深入，社会利益实现方式的多元化使社会成员在生存和发展上逐步摆脱了对国家和单位组织的依附，发展为具有独立意义和自主意志的社会行为主体。从微观机制来讲，市场化改革及其带动的社会变革最深刻的意义莫过于社会个体行为逻辑的重塑。

其次，社会结构和社会组织形式发生了深刻变化，使单位组织承载的行政和政治功能逐步弱化，传统的单位组织为基本载体的社会管理模式逐渐失灵。在农村，改革开放使亿万农民获得了生产经营和社会流动的自主权。在城市，随着住房自有化、就业市场化、社保社会化的深入变革，体制内单位组织对社会成员的控制能力大大弱化。与此同时，体制外的“新经济组织”和“新社会组织”大量涌现，也使越来越多的社会成员脱离了单位体制的控制。这些都使传统的国家借助单位组织控制其成员的管理模式逐渐失灵。

最后，随着社会结构的开放性和流动性的日益增加，以及社会价值观念的多元化和信息传播的扁平化、立体化，传统的建立在严格限制社会流动和严密的意识形态控制基础上的封闭式社会管理模式变得难以为继。市场化进程中社会大流动的开放性格局，导致国家无法借助以往的城乡分割以及户籍管理体制，对社会秩序进行网格化管理。市场秩序的扩展，社会多层次、全方位的开放，必然带来各种社会资源和生产要素在更大的范围内自由流动和合理配置，带来社会成员日益频繁的机械流动和有机流动。每年数以亿计的流动人口，就足以令许多地方政府管理措手不及。原先依赖严密的户籍制度实施管理与服务的模式，如计划生育、义务教育等，都受到了严峻的挑战。

二、人民内部矛盾日益复杂化

中国社会环境的重大变化导致人民内部矛盾日益复杂化。在目前的社会矛盾中，人民内部矛盾依然是主流。人民内部矛盾是在整体利益一致前提下的局部矛盾，不具有对抗性。但在一定条件下人民内部矛盾会出现某些对抗现象。改革作为一场极其广泛而深刻的社会变革，引起了全民性利益格局的大调整，势必引发各社会主体之间利益上的冲突，这是新时期人民内部矛盾产生的体制根源。改革过程中一些利益受到影响的群众，往往把利益损失看作是改革措施和政府政策原因所致，向政府提出利益诉求。当利益诉求难以满足或预期目的难以实现时，则采取聚众闹事的方式进行宣泄和闹事，容易发生对抗和冲突事项。尽管是人民内部矛盾，但其治理难度也越来越高。新时期人民内部矛盾的特点主要有：(1)性质上具有非对抗性，同时对抗性明显增强；(2)发展中具有转化性，同时矛盾的发展趋势复杂多变；(3)矛盾症结叠加化；(4)反应上具有敏感性；(5)形成中具有纠合性，群体性事件增多；(6)经济领域矛盾突出,同时思想文化领域的矛盾多样化,干群矛盾表现较为突出。

三、现行社会治理体制相对滞后

社会主要矛盾变化折射在社会治理领域,即表现为人民日益增长的高质量、高标准社会治理水平的需要与现行社会治理体制供给能力不足的矛盾。尤其是在过去的一段时间,“使一部分人先富起来”的政策或多或少地加速了阶层分化,带来不同利益阶层冲突的激化。近些年,“法治建设”“平安建设”“和谐社会建设”的步伐有所加快,但是现代社会治理体制的形成还是处于初级阶段。

(一)社会治理力量未能充分聚合

当前人民内部矛盾纠纷日益增多,维护稳定的压力也越来越大。由于基层政权部门分工细致、人员分散,大多数矛盾和问题依靠一两个部门的“单打独斗”难以得到有效解决。基层党委、政府在处理群体性矛盾纠纷中,由于缺乏有效的力量和资源整合机制,往往陷入循环往复的协调和沟通中,工作的压力也越来越大。目前基层的维稳、综治、司法、信访等部门的工作对象虽然高度关联,但职能职责既交叉又脱节、既错位又缺位,一直以来难以形成合力,存在组织机构松散、领导力量不足、队伍不稳定、业务能力欠缺、经费短缺等现实问题。此外,基层行政管理体制中的“条块分割”态势明显,政府在行使行政管理职权时遇到权力碎片化、分散化、低效率化的问题。“条”与“块”的矛盾，核心在于资源配置权力的纵向化与社会管理责任的横向化所导致的二元治理结构上的不平衡。“块块”的重心在执行，“条条”的重心在监督。所以，在横向关系上，要增强政府社会治理的整体能力，必须把社会治理从综治工作系统的治安工作上升为实现社会长治久安的国家战略。

（二）基层社区建设基础薄弱

随着城市化进程的不断加速，社区的功能不断拓展，社区建设和传统社区管理体制之间的矛盾日益突出，严重制约了社区建设的可持续发展。突出表现在以下几个方面：第一，社区党组织的领导核心地位与资源整合能力不足的矛盾。社区党组织是整合区域内党组织、政府、社会、市场资源在内的各种资源的关键力量。在传统的社区管理体制中，社区党组织的工作局限于社区居委会层面，组织设置单一，工作方式简单，工作领域狭窄，总揽全局协调各方的能力、管理服务能力、群众工作能力以及整合资源能力明显不足。第二，社区群众日益增长的民生利益诉求与社区服务能力不足的矛盾。近年来，随着城市化步伐的加快，社区建设已经从单纯的城市社区逐步演化到由老旧城市社区、新建住宅小区、村转居过渡型社区和部分待拆迁行政村并存的复杂局面，不同社区居住着不同类型的居民，居民的民生利益诉求呈现出多元化、专业化、优质化倾向。在传统社区管理体制下，由于社区管理和服务中人权、事权、费权不统一而造成的矛盾日益突出，社区资源匮乏，服务能力薄弱，难以满足群众不断增强的物质需求。第三，社区居民自治的本质要求与社区“类行政化”倾向的矛盾。社区管理的基本特征是民主与自治。随着经济发展与社会进步的加快，人民群众参与社区管理的民主诉求不断增长，但在传统行政管理体制下，社区居委会作为居民自治组织，却承担了大量的行政性事务。作为居民自治组织的居委会相当程度上已经异化为“类行政化”组织，而组织群众开展自我管理、自我教育、自我监督、自我服务的法定职能却逐渐弱化，社区建设缺乏活力与后劲。第四，公共服务职能向社区转移与社区控制力弱的矛盾。多头管理使各种下移资源在社区层面的有效整合与科学配置难以实现，公共事务的标准化运作、标准化服务、标准化考核在社区难以实现，严重制约了社区管理服务绩效的最大化和服务的优质化，影响了社区整体功能的有效发挥。第五，社区维稳形势日益严峻与群众工作不适应的矛盾。随着经济的发展和利益的多元化，以利益矛盾为核心的各种社会矛盾大量向社区积聚，许多突出矛盾和群体性事件的苗头和倾向首先出现在社区，社区成为维护稳定、化解社会矛盾的第一线。在传统的社区管理体制下，由于群众主体作用发挥不足，群众工作的针对性和有效性不足，社区利益协调和化解矛盾能力不足，使社区从源头上及时发现、预防和消除各种不稳定因素的工作受到制约。

（三）互联网时代社会治理难度凸显

在传统的社会条件下，社会矛盾往往是物理隔断的，社会群体之间也很难实现大范围的沟通，社会情绪的传染烈度较低。但在网络时代，局部冲突易被放大，社会矛盾交织难辨，社会情绪加速感染。网络在成为社会治理新工具的同时，也正成为社会治理的难点。当前网上虚拟社会的失范现象不断增加，其主要情况为：一是制度性失范，即没有规范或已有的规范失效；二是行为性失范，就是已有的规范不遵从或超越规范而为之的社会失范。这些网上虚拟社会的失范行为严重扰乱网络社会秩序，破坏社会稳定，并对现有的社会治理格局形成重大挑战。特别是对基层社会治理带来的压力更加明显，具体表现为：一是观念不适应，基层社会管理手段较为陈旧。二是社会规范不足，目前中国针对网络社会还缺乏切实管用的社会准则和法律规范，很多领域甚至处于一种无法可依的状态。三是行政措施不力，政府监管、行业号召、网民自律的管理格局在基层尚处于起步状态。四是技术准备不足，由于互联网的核心技术掌握在西方发达国家手中，这使得我们的管制技术不成熟，管制盲区大量存在，严重制约了管制效果。

综合而言，近年来随着社会的日益进步和知识的迅速增加，随着社会复杂精细化程度的加深以及人类控制和掌握各种技术能力的提高，社会面临的不确定因素也随之增多，人们对现在、未来的不安全感越来越强烈。在人民从生存型需求转向发展型需求的过程中，人民对于生活质量、精神需求的期望在不断地提高，这就要求基层社会治理水平必须在动态中予以提升。人民不断增长、不断上升、形态多样的需要反映的是社会的进步和发展阶段的提高，具有客观性和成长性；特别是人民美好生活需要日益广泛，不仅对物质文化生活提出了更高要求，而且在民主、法治、公平、正义、安全、环境等方面的需要日益增长；这对新时期的社会治理体系和能力现代化提出了新的要求。针对新时代的新情况、新特征、新问题、新矛盾，需要进行新探索、总结新经验，积极推动“枫桥经验”的转型升级。

第二节 创新发展“枫桥经验”需要厘清的十大关系

党的十九大作出了中国特色社会主义进入新时代、我国社会主要矛盾已经转化为人民日益增长的美好生活需要和不平衡不充分的发展之间的矛盾的重大论断。新时代社会主要矛盾转化反映到基层社会，突出表现为人民群众对美好生活的需要的多样化、优质化、现代化。针对新时代的新情况、新特征、新矛盾、新问题，需要进行新探索、总结新经验，积极推动“枫桥经验”转型升级。

诞生于1963年的“枫桥经验”是源于诸暨、闻名全国的政法工作旗帜和基层社会治理的典范。“枫桥经验”长盛不衰的一个重要原因在于“矛盾不上交”，强调各地在发展过程中所产生的矛盾纠纷和社会治理中存在的困难尽量由地方自己努力解决，在55年的发展历程中化解了大量基层社会矛盾和纠纷，为国家和社会减轻了现实压力。“枫桥经验”也从早期的社会改造经验、社会治安综合治理经验转型为社会治理经验，大大丰富和发展了我国的人民民主专政理论，成为一种推动社会全面协调可持续发展的全局经验。在2013年纪念“枫桥经验”50周年之际，习近平总书记对坚持和发展“枫桥经验”作出重要批示，强调各级党委和政府要充分认识“枫桥经验”的重大意义，把“枫桥经验”坚持好、发展好，把党的群众路线坚持好、贯彻好。习近平总书记的批示为“枫桥经验”创新发展提供了重要指引。

近年来，枫桥等地干部群众以创新发展“枫桥经验”为主线，以推进社会治理为抓手，高标准务实推进基层城乡社会治理创新各项工作，走出了一条符合中央精神、体现地方特色、富有实际成效的社会治理新路子。新时代“枫桥经验”要走向良法善治的新目标，就必须正确处理好以下十个方面的关系：

（一）经验与理论的关系。“枫桥经验”源于基层实践，历经管制、管理、治理等阶段，正在迈向善治阶段。在55年的发展历程中，枫桥等地的人民群众正确处理变与不变的辩证关系，根据不同时期的形势和任务，不断赋予“枫桥经验”新的时代内涵。“枫桥经验”的创新发展迫切需要系统化和理论化,为新时代基层社会治理提供理论指导和方向引领。从经验到理论是一个去粗取精、去伪存真、发现社会治理一般规律的渐进过程。新时代“枫桥经验”的创新发展既要尊重和辩证分析历史经验,更要跳出经验的局限性,上升为系统理论来指导实践,通过实践再丰富理论。

(二)治理与发展的关系。社会治理是国家治理的重要领域,社会治理现代化是国家治理体系和治理能力现代化的应有之义。如果社会治理跟不上经济发展步伐,各种矛盾得不到有效解决,不仅会酿成社会动荡,经济发展也难以为继,还会造成严重的政治后果。“枫桥经验”是一整套社会治理方法,在注重基层社会矛盾化解和促进平安和谐的过程中保障经济社会协调发展。“枫桥经验”的创新发展就是处理好治理和发展关系的过程。只有把社会治理摆到经济社会发展全局中谋划,推动完善政策制度,才能从源头防范化解矛盾风险,维护社会和谐稳定。

(三)主导与多元的关系。在“加快形成党委领导、政府负责、社会协同、公众参与、法治保障的社会治理体制”的进程中,党委和政府是主导,在实践中作用得到了较为充分的发挥,而社会协调、公众参与则是弱项。尤其是如何构建社会组织发展体系、发挥好社会组织在社会协调中的作用,需要深入探索和实践。

(四)顶层与基层的关系。要“更加重视改革顶层设计和总体规划”。进一步强化社会治理的指导思想、根本目的、基本任务、总体要求、管理理念、总体格局等的顶层设计。同时,更加注重基层,将广大农村、社区、社会组织作为社会治理的单元和细胞,统筹好顶层和基层关系。

(五)秩序与活力的关系。社会治理是以维系社会秩序为核心的。同时良好的秩序也能使社会形成统一整体。要把维系社会秩序和激发社会活力有机结合起来,既要保证社会安定有序、规范运行、调控有力,又要有利于激发全社会的创造活力,最广泛、最充分地调动一切积极因素,促进人的全面发展和社会进步。

(六)维稳与维权的关系。在维护稳定过程中,不能将人民群众正常的维权行为与社会稳定对立起来,不能以稳定为名压制合法的利益表达。要正确看待群众合法的维权行为,从保护群众的合法权益出发,积极疏导和化解矛盾。从这个意义上讲,维权就是维稳,维权才能维稳。既要对群体性、突发性事件积极应对,及时处置,更要在事前防范上下功夫,尽可能使社会矛盾和冲突少产生、少转化、少激化。要克服重事后处置、轻事前防范的倾向,强化主动解决问题和关口前移、源头治理的理念,将工作重心从治标转向治本、从事后救急转向源头治理,不断增强社会治理的前瞻性、主动性、有效性。

(七)现实与虚拟的关系。网络社会、信息社会的发展,使虚拟社会在给生产和生活带来诸多便利的同时,也给维护正常的社会秩序带来了新的挑战,出现了一些影响社会稳定的问题。在加强和创新现实社会治理的同时,还要高度重视加强对虚拟社会的治理,用法治营造清朗健康的网络空间。

(八)法律与道德的关系。党的十九大对依法治国提出了更高要求,法治是加强社会治理、构建和谐社会的重要基础。但如果道德建设搞不好,社会和谐平安就无从谈起。要进一步加强思想道德建设,使法治和德治相结合。

(九)局部与整体的关系。社会治理是事关国家治理能力的全局工作,具体落实到省域、市域、县域等空间范围,必须结合各地实际情况,结合当地社情民意。“枫桥经验”随着时代的变化早已突破枫桥镇等地域空间,成为全国基层社会治理的旗帜。新时代“枫桥经验”已深刻融入到国家治理体系和治理能力现代化的大平台,与法治建设、平安建设紧密融合。“枫桥经验”的创新发展不应固化在局部地区,也不应在各地的具体实践中异化,偏离其核心内涵。在“枫桥经验”转型升级的过程中,各地应当遵循社会治理的一般规律,坚持好、贯彻好党的群众路线,在各地的基层社会治理实践中,因地制宜,突出解决事关群众切身利益的矛盾和问题,使新时代“枫桥经验”在全国基层社会治理实践中不断丰富发展。

(十)当前与长远的关系。社会治理是一项长期工作,有些通过短期努力即能产生立竿见影的效果,有些则需要假以时日。要统筹当前与长远,把阶段目标和长远战略协调推进,摒弃急功近利,防止目标上的短视、行为上的短期和效果上的短命。

第三节　“枫桥经验”转型升级的具体路径

面对我国社会主要矛盾发生深刻转化,如何创新发展“枫桥经验”,要求我们更加前瞻性把握形势,高起点谋划、高标准定位、高质量推进新时代“枫桥经验”。“枫桥经验”转型升级的具体路径包括以下五点:

一、坚持以人民为中心的新时代社会治理观

中国共产党之所以取得革命和建设的伟大成绩,一个重要原因就是不断坚持“从群众中来到群众中去”的群众路线。早在1990年,党的十三届六中全会就专门作出了《中共中央关于加强党同人民群众联系的决定》,高度重视新时期如何继续贯彻群众路线。党的十九大报告明确指出了“以人民为中心”的发展思想。进一步要求党要与群众始终保持血肉联系,最重要的是要始终能够在第一时间倾听和了解广大群众的呼声、诉求,及时回应、真心有效的服务。“枫桥经验”是源于浙江诸暨的宝贵精神财富,深刻体现了诸暨人民群众的集体智慧。“枫桥经验”之所以历久弥新、

久盛不衰,其核心原因就在于坚持群众观点,走群众路线,依靠好群众、发动好群众、凝聚好群众。纵观“枫桥经验”的发展,可以发现坚持群众路线是“枫桥经验”不断与时俱进的主要动力源泉。群众路线是党的生命线和根本工作路线,做好新形势下的群众工作既是坚持党的根本宗旨、巩固党的执政地位的必然要求,也是化解社会矛盾、强化社会管理、促进社会和谐的重要举措。在新时代,“群众”一词的概念和内涵也发生着深刻的变化。今天的群众已经不再是那个阶级属性单一、利益诉求接近的群体了,而是利益分化甚至相互冲突的、阶层地位纷繁复杂的各个社会群体的组合。正是这样的时代背景,促使枫桥等地的干部群众深刻认识到:群众是一个不断动态发展的概念,在新时代创新发展“枫桥经验”的过程就是党群关系不断重塑的过程,也是不断考验党引领和组织社会能力的过程,更是打牢社会治理民心基础的过程。枫桥是一个具有深厚历史文化积淀的地方,枫桥人民具有光荣的革命传统和较高的思想觉悟,既善于继承和弘扬传统文化,又敢于坚持一切从实际出发,为新时代“枫桥经验”的创新发展奠定了坚实的思想基础。

二、构建自治、法治、德治相结合的基层治理体系

在推进基层民主建设和法治建设的过程中,枫桥的干部群众还勤于思考、勇于实践,能够根据社会发展的实际需求,不断地构建交流、对话和沟通的平台,在国家与社会、党

和人民、政府与公民之间建立良好的互动机制，真正实现纠纷解决在基层并使“民主”和“法治”在基层扎根。党的十九大报告提出，要按照产业兴旺、生态宜居、乡风文明、治理有效、生活富裕的总要求，建立健全城乡融合发展体制机制和政策体系；要健全自治、法治、德治相结合的乡村治理体系。这不仅是实施乡村振兴战略的内在要求，也是实施乡村振兴战略的重要组成部分，更是新时代“枫桥经验”创新发展的重要方向。

三、坚持科技创新与社会治理相结合

信息化时代，做好网络管理工作既是当前社会管理中的难点问题，也是不断创新发展社会治理的重要契机。网络舆论是网上意识形态的重要表现形式，时刻影响着人们的思想和行为，是加强和创新社会治理的重要领域。随着大数据时代的来临，人工智能、云计算等技术的发展不仅改变着产业格局，也对新时代的社会治理模式带来了新的挑战。互联网时代的社会治理，应当特别重视平台治理。平台首先是动态的、多元的网络生态圈。平台在不断的进化中也逐渐形成一套自我治理体系，这套体系不仅在平台中发挥规制和引导作用，同时也从网络走向现实，影响着社会治理和国家治理，并产生互动。平台治理的多元化和动态化深刻影响着未来社会治理格局的发展，并提出了新的挑战。在平台治理的过程中，国家权力与平台权力产生了一

定的紧张和冲突,公权和私权存在交叉,虚拟社会平台权力在一定程度上侵蚀着国家的部分行政权和立法权,这个模糊地带正是未来社会治理的核心矛盾所在。在新时代,必须综合运用法律、行政、经济、技术等手段,加强对网络虚拟社会的建设和管理,不断提高依法治理、科学治理、动态治理的能力和水平。

在互联网时代,社会治理的智能化水平迅速提升,以“智慧城市”建设为核心,汇聚智慧管理、安防、应急、服务于一体的综合信息平台正在形成。近年来,枫桥等地依托应急平台和社会服务平台,整合民政、社会保障、住房和城乡建设、教育、卫生、文化、应急、金融等多部门公共服务管理信息资源,加强智慧防控、便民服务、公共管理等应用系统建设,初步实现群众“不出家门享信息、不出村镇办民事、三级联动优服务”的服务格局。“枫桥经验”也从早期的乡村治理经验逐步延伸到城市治理,通过对人、地、物、事、组织等基础信息的采集,形成全面覆盖、动态跟踪、联通共享、功能齐全的社会治理综合信息体系。

四、构建共建共治共享的社会治理新格局

当代中国的社会治理格局中,政府承担了绝大多数社会治理任务。但社会治理不仅仅是加强社会治安和维护社会稳定,不是政府对社会单向度的管理和控制。社会管理必须注意到市场经济的发展和社会结构变迁,让渡一定的

空间给公民和社会组织进行自我管理,尊重社会管理中的市场逻辑和自治逻辑。

在新时代,构建共建共治共享的社会治理新格局,就必须充分发挥社会组织和人民群众的力量。建立社会治理新格局,当然需要坚持“党委领导、政府负责”,但这并不意味着将社会管理的一切任务都推向党政部门。在社会环境发生重大变化的新时代,改革社会治理体制,首先要解决的就是党政部门的职能转变,让党委政府能够投入时间和精力来进行执政党的执政能力建设、政府的行政服务水平提升,充分相信和依靠人民群众,集聚人民群众的智慧。党委政府的工作重点主要集中于社会矛盾化解、社会治安防控、社会事务管理、社会公平执法等平面工作中,对于动态社会治理必须依靠群众参与。社区是城市管理和建设的基础,随着社区成员结构的日益多元化,对社会秩序的管理也要求多元治理。只有政府合理地引导和培育,各类自治组织才能在社会建设中焕发出持久的活力。通过社区民主自治和培育社会组织,政府逐步实现职能的让渡和转移,放手让社会组织通过自律来解决问题,从而实现治安管理与城市管理、市场管理、行业管理等有机结合。在快速城市化的发展过程中,只有合理培育和引导社会自治组织,才能使一些看似复杂的社会问题在不同的群体内部予以化解。

五、提高社会治理社会化、法治化、智能化、专业化、德治化水平

党的十九大报告指出,加强社会治理制度建设,完善党委领导、政府负责、社会协同、公众参与、法治保障的社会治理体制,提高社会治理社会化、法治化、智能化、专业化水平;党的十九大报告又指出,必须培育和践行社会主义核心价值观,更好地构筑中国精神、中国价值、中国力量,为人民提供精神指引。这为创新发展新时代“枫桥经验”提出了具体方向,即新时代“枫桥经验”必须提高基层社会治理的社会化、法治化、德治化、智能化、专业化水平。

第一,提高基层社会治理社会化水平。社会治理不仅仅是党委和政府独自承担的任务,也需要广大人民群众的广泛参与。社会治理社会化和公共服务市场化已成趋势,随着政府职能的逐渐调整,政府管理与社会调节格局已初步形成,社会治理必须充分发挥社会力量和群众参与的协同力量,才能有效化解各种社会矛盾和纠纷。

第二,提高基层社会治理法治化水平。法治是实现国家治理体系和治理能力现代化的重要依托,是社会治理的基础性保障。在社会治理法治化进程中,必须提升党委政府运用法治思维和法治方式协调关系、化解矛盾的能力,加强社会领域的立法工作,加强法律的实施和监督,规范执法行为;切实维护群众的合法权益,让人民群众感受到社会的公平正义。同时需要加强全民法治化教育,建设社会主义

法治文化,提高全民遵纪守法的意识,树立社会主义法治理念。

第三,提高基层社会治理德治化水平。习近平同志指出:“要重视发挥道德的教化作用,提高全社会文明程度,为全面依法治国创造良好人文环境。”法律是成文的道德,道德是内心的法律。法律的有效实施有赖于道德支撑,道德的践行也离不开法律约束。法治和德治相互补充、相互促进、相得益彰,二者是辩证统一的关系。习近平同志指出:“以法治承载道德理念,道德才有可靠制度支撑。法律法规要树立鲜明道德导向,弘扬美德义行,立法、执法、司法都要体现社会主义道德要求,都要把社会主义核心价值观贯穿其中,使社会主义法治成为良法善治。”新时代“枫桥经验”的转型升级需要良好的社会主义道德体系予以支撑。

第四,提高基层社会治理智能化水平。针对信息化时代互联网治理顶层设计匮乏的现实,以及虚拟社会治理碎片化、条块化、人力和运行成本高、快速反应能力不足等问题。社会治理智能化势在必行。这就要求我们在网络化和网络平台治理的基础上,运用大数据、云计算、物联网等技术,使社会治理更加精准,做到差异化治理,在社会治理方式上实现革命性的变革。

第五,提高基层社会治理专业化水平。社会治理专业化,要求社会服务和治理有专业的队伍、专业的理念、专业的技术和方法来进行社会治理,开展社会服务。社会治理专业化的发达程度是衡量一个国家或地区社会服务和社会治理水平的重要标志。

第七章　国际视野中的“枫桥经验”

习近平总书记指出，“要促进不同文明不同发展模式交流对话，在竞争比较中取长补短，在交流互鉴中共同发展，让文明交流互鉴成为增进各国人民友谊的桥梁、推动人类社会进步的动力、维护世界和平的纽带”。中国特色社会主义进入新时代，拓展了发展中国家走向现代化的道路，给世界上那些既希望加快发展又希望保持自身独立性的国家和民族提供了全新选择，为解决人类问题贡献了中国智慧和中国方案。

总结提升新时代“枫桥经验”，必须具有国际视野，站在人类文明互鉴的高度，不故步自封，不崇洋媚外，把讲好中国故事和汲取域外经验结合起来，把本土经验与域外镜鉴统一起来，使新时代“枫桥经验”更具时代性、普遍性、可推广性，为构建和谐世界和构建人类命运共同体作出更大贡献。立足国际视野，“枫桥经验”既要注重域外镜鉴，又要走向世界，包含国际定位、国际借鉴、国际认同、国际影响四个维度。域外镜鉴强调的是在与不同国家或地区的基层社会治理模式的比较中总结自身理论内涵和特色，文明互鉴、取长补短；走向世界强调的是实践层面与不同国家或地区基层治理经验进行对话和互动，拓展“枫桥经验”的国际影响、国际认同。

第一节 “枫桥经验”的域外镜鉴

文明比较增强文明自觉，文明比较促进文明互鉴。要在国际比较视野中去定位和把握“枫桥经验”的理论内涵，在此基础上去思考和领悟“枫桥经验”的时代意义。“枫桥经验”的发展创新、转型升级既离不开内生性的文化历史渊源脉络，也离不开世界各种文化之间的互通互鉴。

一、域外基层调解经验对“枫桥经验”的参照与启示

作为基层治理的成功实践，“枫桥经验”与域外基层多元纠纷解决机制有众多相似之处。基层调解是“枫桥经验”的主要抓手，而调解也是美国、澳大利亚、加拿大、德国、日本、新加坡、越南等国家和我国台湾地区的基层社区常用的第三方纠纷解决方式。针对不同调解模式的比较研究，对于增强自我认知、提炼共同规律、看清比较优势、进行经验互鉴有着重要意义。目前，域外基层社区调解的典型模式有：美国旧金山社区调解模式、澳大利亚新南威尔士社区调解模式、新加坡社区调解模式、越南基层调解模式以及我国台湾地区的乡镇市调解模式。

美国旧金山社区调解模式。20 世纪 60 年代末 70 年代初，美国产生了一种社区邻里之间的人际纠纷的非司法纠纷解决机制。1976 年成立的美国旧金山的社区调解委员会，是美国运作时间最长的基层公共调解机构。社区调解机构不隶属于任何行政或司法机构。其主要从以下几个方面保证适合其调解的纠纷最大可能地进入社区调解过程：社区调解机构免费提供调解服务；纠纷双方参加社区调解无须律师代理；调解时间的安排以方便纠纷双方参加为主；调解过程的程序和规则简明易懂；为当事人提供免费翻译服务；调解地点的选择也是以方便纠纷双方参加调解来确定的；调解委员会每年培训和认证调解员，帮助各种机构提高沟通和解决纠纷的技巧。

澳大利亚新南威尔士社区调解模式。为规避诉讼程序的缺点，1983 年澳大利亚新南威尔士社区司法中心成立。维多利亚州仿效新南威尔士州的做法，设立了 7 个社区纠纷处理中心。1990 年，昆士兰州司法局制定了提供调解和其他纠纷解决服务的“社区司法计划”。此外，澳大利亚首都地区和南澳大利亚州也都有类似的社区调解服务。“社区司法计划”是指政府机构提供的不向当事人收取费用的调解服务。小到简单的邻里纠纷，大到复杂的社会矛盾，均为这一计划所涵盖。

新加坡社区调解模式。1998 年，新加坡颁布《社区调解中心法令》，确立了社区调解的先锋地位。新加坡现有 4 个地方性社区调解中心和 7 个卫星调解区。其特点是,传统习惯中影响较大、威望较高的社区领导人在调解社区冲突中担当调解员的角色,如马来西亚部落的头人、印度社区理事会的长老会和中国宗族组织中的长老等,具备纠纷调解典型的亚洲特色。目的是为社会、社区或家庭纠纷提供调解服务,在亲切和非正式的气氛中尽快解决纠纷。这些调解机构主要是为社区纠纷提供服务,而不提供商业调解服务。其针对的纠纷类型主要包括:邻里纠纷、家庭纠纷(不包括家庭暴力)、朋友之间的分歧、摊贩与雇主之间的纠纷等。

越南基层调解模式。从历史上看,调解是越南社会常用的纠纷解决方式。越南目前有 12 万个基层调解组织,62 万名调解员,基层调解组织辐射93.8%的村庄及社区。1999 年至 2008 年,基层调解组织调处了 3,899,745 件案件,调解成功的比例为 80.3%。这一系列数据表明,基层调解在越南民众日常生活中极为重要。在越南,基层调解具有如下特点:第一,基层调解是一种法院外调解和自愿调解,与上述法院附设调解不同。第二,基层调解的适用范围广,涵盖了家庭和民事等诸多轻微纠纷。第三,基层调解由公益性社会组织开展,越南对基层调解组织及调解员的准入没有特别规定。第四,因越南各地传统习俗与道德观念多元,基层调解受到广泛接受。第五,基层调解受《基层调解条例》的规制。

我国台湾地区的乡镇市调解模式。乡镇市调解是台湾地区一种颇具特色的纠纷解决机制。调解委员会由乡、镇、市、区公所设置，劝解当事人互谅互让，并达成合意调解书，经法院审核后赋予一定效力。台湾地区的乡镇市调解是以地域为基础的民间社会纠纷解决机构，但具有准司法性质。调解委员会主要由当地乡绅、里长等有威望的人士组成，由7～15名委员组成，并推选一名主席。调解委员由乡镇市长遴选，当地具有法律或其他专业知识及具有较高威望的人士（主要是地方上的绅士、教师等）提出，并将候选人姓名、学历及经历等资料，分别函请地方法院或其分院及地方检察署共同审查。符合资格者，报县政府审查备案后聘任。调解方式强调与当事人“谈感情”，传统伦理规范在纠纷解决中起到重要作用。

依靠人民就地化解矛盾是“枫桥经验”的精髓要义，基层调解是“枫桥经验”的主要抓手。“枫桥经验”在调解方面的定位是：基层调解、多元调解、联动调解，形成了镇、村、企全覆盖的调解组织网络，形成了以人民调解为基础，专业、行业调解为依托，人民调解、行政调解、司法调解相结合的运作机制、运行模式和工作格局。在发挥好人民调解基础性作用的同时，完善和发展人民调解、司法调解、行政调解的相互配合、协调、衔接、联动机制，在矛盾调解、治安防范、文体活动、教育普及、医疗卫生、养老、救助、污染防治、维权等方面发挥了重要作用。与上述五种模式相比，“枫桥经验”呈现出四个特点：第一，在时间阶段上，坚持把矛盾防范在源头阶段，把矛盾化解在萌芽状态；第二，在组织结构上，坚持把矛盾防范和化解在基层；第三，在主体力量上，坚持依靠群众防范和化解矛盾；第四，在方法手段上，坚持运用村规民约和人民调解防范和化解矛盾。

二、域外社区治理经验的参照与启示

20 世纪末以来，社区(包括城市社区和乡村社区)治理逐渐成为西方基层治理的重要方面，邻里复兴战略(National Strategy for Neighborhood Renewal)、社区战略(Community Strategies)、社区照顾计划(The Community Care Development Programme)、社区主义运动(The New Urbanism Movement)等兴起，社区治理成为西方国家治理理论与实践转轨的重要“节点”。

(一)城市社区治理的三种模式

综合考察发达国家以及发展中国家的社区治理情况，根据社区治理中政府与社区之间权能关系的不同，社区治理模式可以分为三种类型，即政府主导型治理模式、自治型治理模式和混合型治理模式。政府主导型治理模式以新加坡等新型工业化国家为代表；自治型治理模式以美国、澳大利亚等经济发达的工业化国家为代表；混合型治理模式以日本和以色列为代表。

政府主导下的社区治理模式采取的是政府行政行为与社区治理行为的紧密结合，政府对社区治理进行直接而具体干预。在新加坡,政府通过立法行为来加强社区的治理和引导,主导社区治理方向。主要表现在:一是社区组织负责人的产生是由新加坡的国民议员委任和推荐,而不是由社区居民选举产生;二是政府通过设立专门的职能机构,具体负责对全国的社区事务的管理;三是社区各级组织的规范性管理。

在美国,社区治理是公民自治的典型形态,其更多的是强调社区及其居民的自我管理、自我发展、自我完善。其典型特点是:第一,社区的社会和经济发展政策由政府机构制定,政府通过编制社区发展规划来间接干预社区治理,并对社区治理拨付专款予以支持;第二,社区事务管理主要由社区委员会、社区主任、专业社区工作以及社区居民、志愿者等社区组织和民间团体及个人负责,其中,非政府组织(第三部门)是美国社区治理的主力;第三,社区企业提供帮助,包括社区小企业发展中心、小企业投资公司、社区开放公司、社区贷款中心等。美国社区治理先进经验主要有:第一,突出社区治理主体的多元化,注重培育公民、社区中介组织等多元主体积极参与社区治理,从而为其提供持续的治理资源;第二,改革政府权力的运作模式,社区治理由原来的垂直层级结构向横向网络结构转变,在社区共识和认同的基础上,发挥社区治理的自主性;第三,注重提高社区成员参与治理的主动性,畅通居民参与社区治理途径,培育居民建立自发性的小社团,构建社区治理大网络。值得指出的是,从美国社区治理的状况观察,即便自治化程度较高的社区,政府的角色也从未退出,政府的宏观调控牵引职能和责任在法律和实践层面都得到了认同和强调。

日本作为混合型社区治理模式的代表国家,其社区治理经历了形成时期、官办化时期、被禁时期、恢复时期和自主时期,确立了准自治原则、民主原则、自律原则和服务原则,社区治理模式由政府主导型模式转变为混合型模式。在日本,社区治理实行官方性“地域中心”与民进性“住区协议会”相结合的混合型模式。一方面,政府对于社区的发展和治理干预较少,政府参与社区治理的主要职能是规划、指导并提供经费支持;另一方面,民间自治与政府干预相结合。政府管理社区的机构是“地域中心”,隶属区政府地域中心部,中心部拨款经费给地域中心用作社区管理经费,每年接受政府考核。日本社区治理的先进经验主要有:第一,政府指导、支持和监督,政府在提供公共资金的基础上,指导、支持和监督社区事务,对社区资金的使用和社区工作进行严格的考核;第二,社区治理工作的民主化和自治化,政府指导或支持社区事务不是直接参与,而是通过间接手段,例如,在一些大型城市设立地域中心,专门收集社区居民的意见和建议,并用以指导社区治理。

我国社区治理还存在行政化色彩浓厚、治理主体单一、治理结构不完善、公民精神缺失等问题。域外政府主导型治理模式、自治型治理模式和混合型治理模式对于我国突破社区治理困境、促进社区治理模式转型、加强和创新社会治理是有益的。但是,学习和借鉴的同时我们要注意,中国的经济制度、政治制度、社会制度和文化基础与域外存在差异,不能一味地照搬域外的社区治理模式。

（二）乡村治理的典型模式

社区治理包括城市社区治理和乡村社区治理。“枫桥经验”是中国基层乡村治理样板,西方也有治理良好的乡村基层治理经验,细致梳理、认真总结其中的理论精华,对于创新发展“枫桥经验”、推进乡村治理现代化,加强全球化时代基层社会治理经验的互鉴有着重要意义。关于乡村治理,有学者总结了以日本的造村运动、韩国的新村运动为代表的东亚乡村治理模式;以德国的村庄更新、荷兰的农地整理、瑞士的乡村建设和法国的农村改革为主的西欧乡村治理模式;以美国的乡村小城镇建设、加拿大的农村协作伙伴为代表的北美乡村治理模式。此外,还有学者和机构通过考察美国阿拉斯加州具有多元文化与充满权利色彩的乡村治理方案、加拿大纽布朗斯维克省充满实验性质的“新乡村地区治理模式”以及欧盟研究中心对欧洲乡村治理经验的比较,指出中国当前基层乡村治理应当落实地方分权、尊重多元文化、增加地方居民参与基层政策决策机制以及凝聚力与动员乡村社区资本。

通过对域外乡村治理的发展历程考察发现,村民是农村发展的直接利益相关者,是乡村治理的主体,但是其地位和作用尚未得到充分重视。尤其是封建社会遗留下来的小农意识至今依然严重影响着农民的价值观念，主导着村民的行为方式。因此，在当前的乡村治理模式构建中，我们需要确立农民的主体性，提高村民的主体地位，以此完善和健全乡村治理机制。农民作为新农村建设主体、社会和经济发展的受益主体，尤其是基层社会治理的权利主体，需要发挥其自觉性、自主性、能动性和创造性。这与中国“枫桥经验”中的“依靠和发动群众”有着异曲同工之妙。依靠和发动群众是“枫桥经验”55 年不衰的实招与真经。社区治理不仅仅是党委和政府独自承担的任务，也需要广大人民群众的广泛参与。社区治理必须充分发挥社会力量和群众参与的协同力量，才能有效化解各种社会矛盾和纠纷。

（三）对中国基层社会治理的启示

人类文化发展史表明，一种本土文化、民族文化或地域文化与外来文化进行交流互鉴时，只要坚持科学方法，保持自己文化的特性，就能不断吸收改造外来文化并使其成为自己的一部分。对域外先进经验的本土化改造和创造性转化，也将成为未来“枫桥经验”发展的路径补充。就总体而言，在基层社会治理方面，域外经验对“枫桥经验”发展的启示主要体现在以下三个方面。

第一，推进基层社会治理法治化。法治化是社会治理的基本规则，也是现代社会走向成熟的标志，社会治理离不开法治保障。基层治理法治化意味着，加强基层领域的立法、执法工作，结合地区基层社会治理的特点，不断完善基层社会治理相关法律法规制度体系，增强基层法律法规的可操作性和执行性。同时，加强基层普法教育，定期开展普法宣传，引导群众运用法治思维和法治方式解决纷争，为基层社会治理营造良好环境。“枫桥经验”在法治化方面的创新，可以重点从法治乡镇（街道）创建、村级法治标准、基层法律服务完善、调解法治化、信访法治化等方面来推进。

第二，推进基层社会治理智能化。大数据、互联网等信息技术的发展和不断完善为基层社会治理提供了必要的技术支持，基层社会治理的模式和方式也在发生转变。针对信息化时代互联网治理顶层设计的匮乏，以及虚拟社会治理碎片化、条块化、人力和运行成本高、快速反应能力不足等问题，社会治理智能化势在必行。智能化是社会治理的技术创新，是有效提高社会治理效率性、精准度的需要。“枫桥经验”在智能化方面，可以从“互联网＋基层自治”“互联网＋矛盾化解”“互联网＋公共安全”“互联网＋执法司法”“互联网＋公共服务”五大领域来推进，发展“智慧党建、智慧法庭、智慧检务、网上调解、网上信访、网上乡贤、网络社会组织”等各种形式的智能化治理方式。

第三，推进基层社会治理专业化。专业化是社会治理的未来方向。社会治理专业化，要求有专业的队伍、专业的理念、专业的技术和方法来进行社会治理，开展社会服务。要紧抓基层社会组织培育建设，定期开展公众教育培训，以提高社会组织自我发展能力,组织并引导公众参与到基层社会治理活动中来。“枫桥经验”在专业化方面,可以从建设高素质专业社会工作人才队伍、建立专业性调解委员会、律师参与调解、加强社会心理服务、建立第三方中立评估机制来推进。

第二节 “枫桥经验”走向世界

“枫桥经验”作为社会治理的中国经验,为解决基层社会治理问题提供了中国智慧和中国方案,拓展了发展中国家基层社会治理现代化的路径,为世界各国特别是广大发展中国家走向基层社会治理现代化提供了可资借鉴的崭新模式。但是,从国外媒体的相关反应和国外学者的相关研究来看,“枫桥经验”在国际认知和国际认可方面还存在诸多问题。

一、“枫桥经验”以何走向世界

文明的交流需要有一整套行之有效、逻辑自洽的理论体系作为传播载体。由于“枫桥经验”尚未形成标识性的概念、尚未形成理论范式,其所蕴含的中国基层社会治理的内在规律还未被准确揭示,推广使用的条件和范围尚未明确阐释,“枫桥经验”还未能在国际上获得广泛交流和认可。

推动“枫桥经验”的理论构建，形成中国社会治理的理论范式，是我们与世界各国对社会治理问题开展平等对话、展现比较优势、进行文化交流、展示中国制度优越性的重要前提。我们要立足“枫桥经验”的中国实践，诠释社会治理的“中国故事”，塑造“可对话”的社会治理话语体系，从比较中获得智慧、从互鉴中赢得优势、在沟通中传播经验、从特色里寻找共识。

第一，乡贤治理是“枫桥经验”的德治特色。乡贤是乡村德治善治的实践者，要重视乡贤的力量，以新乡贤文化挖掘、传承、厚植乡村社会蕴含的道德规范和文明乡风。习近平总书记指出：“要治理好今天的中国，需要对我国历史和传统文化有深入了解，也需要对我国古代治国理政的探索和智慧进行积极总结。”作为一种有着积极借鉴价值的传统，在新时代，乡贤正被赋予新的内涵，成为乡村治理的重要资源。新乡贤，既是本乡本土道德力量和文化修养的典范，又最具“资源”和“视野”优势，是新观念、资本、信息、技术的载体。作为连接城市与农村、传统与现代的人的媒介，新乡贤是教化乡里、涵育乡风文明的重要精神力量，是社会主义核心价值观的传播者。搭建新乡贤投身乡村建设的平台，通过组建乡贤议事会、乡贤参事会、乡贤理事会，充分发挥乡贤的亲缘、人缘、地缘优势，积极引导乡贤参与乡村治理，鼓励品行正、威望高、口碑好的新乡贤做好法律法规宣传，协助基层组织参与调解矛盾纠纷、民主监督村（社区）事务、引导乡风文明等群众性工作，这成为促进乡村治理现代化的重要环节。

第二，乡规民约是“枫桥经验”的自治法宝。乡规民约是民主化基层社会治理的重要途径，是解决当前村级治理难题的有效途径，为乡村治理现代化提供了制度化载体。乡规民约所具有的传承性、补益性、自治性特征使其在农村社会治理中发挥重要作用。传统的乡村文明是有纲领、有价值观基础、有内在灵魂的，倡导孝父母、敬师长、睦宗族、隆孝养、和乡邻、笃耕耘、守本分、尚节俭、从宽恕、息争讼、戒赌博、重友谊等内容。我们要深入挖掘其中所蕴含的道德观念、人文精神，进行创造性转化、创新性发展，不断赋予乡规民约新的时代内涵。以社会主义核心价值观为引领，依托中华传统文化，重建具有正确价值观支撑的乡规民约和乡村道德体系，通过乡规民约把社会主义核心价值观融入人心，转化为人们的情感认同和行为习惯，为基层社会治理现代化提供强大的精神支撑。

“枫桥经验”作为社会治理的中国经验，为解决基层社会治理问题提供了中国智慧和中国方案。但是，正如习近平总书记所指出的：“我们不输入外国模式，也不输出中国模式，不会要求别国复制中国的做法。”我们强调“枫桥经验”走向世界，并非是要把“枫桥经验”的精神理念和文化形态凌驾于其他价值观念和文化形态之上。

二、“枫桥经验”何以走向世界

在立足“枫桥经验”的中国实践、诠释社会治理的“中国故事”、塑造“可对话”的社会治理话语体系的基础上，我们应该进一步扩大其国际影响力，促进其走向世界。而从国际维度来看，“枫桥经验”的国际影响力尚需提升，有必要采取多种策略，有效推进“枫桥经验”的对外阐释、传播与推广。

一是注重文化差异，灵活地进行“枫桥经验”的对外阐释。具体来说，要向国际社会阐明“枫桥经验”在中国的生成机理，旨在让国际社会理解它在中国的历史必然性和现实合理性；要向国际社会阐明“枫桥经验”内涵的具体所指，避免理解错位；对外阐释既要坚持原则、避免模棱两可，又要注意策略、避免生硬抽象，要用融通中外的概念和表述阐释好中国的“枫桥经验”。

二是坚持立体多元，全方位加强“枫桥经验”的对外传播。在传播主体上，除了继续加强中国的外交人员、公务人员、新闻媒体人员等政府传播主体的对外传播，要更为广泛地调动专家学者等各种民间力量进行“枫桥经验”的对外传播；同时，还要大力吸引外国新闻媒体、外国学者等国际力量参与到“枫桥经验”的对外传播中来。在传播载体上，除了继续加强国际政务合作、文化交流、学术互动和经济往来等交流平台之外，要更为重视一些重要的国际活动、学术活动、文化品牌载体以及国际新媒体等的建设与传播，如考察访问、举办学术会议、著作出版、专业人才培训等方式。

作为习近平新时代中国特色社会主义思想的重大成果，新时代“枫桥经验”不但是我国党和人民实践理性的结晶，而且也吸纳着世界人民基层治理的智慧精华，映照着世界基层治理的有益经验，尊重了人民的首创精神和人民对美好生活的向往，破解了世界广泛存在的基层治理难题，并以其特有的制度优势为全世界基层善治贡献着中国智慧和中国方案。我们强调“枫桥经验”走向世界，其根本目的是在更为宏大的坐标系中准确把握“枫桥经验”的理论内涵，通过“枫桥经验”的文明比较，增强中国的道路自信、理论自信、制度自信和文化自信。同时，在文明交流互鉴中增进与其他文化形态的文化共识，消解文明冲突，为世界基层社会治理理论注入新的活力。

第八章　学习推广“枫桥经验”

“枫桥经验”是枫桥等地人民群众在党的领导下创造出的一整套行之有效的基层社会治理方法，经过长期实践证明，具有代表性、标识性、有效性、成熟性。学习推广“枫桥经验”，对于促进基层社会治理体系完善、能力提高，推动国家治理体系和治理能力的现代化具有重要意义。要正确理解学习推广“枫桥经验”的重要意义，明确学习推广“枫桥经验”的原则和方法，重视学习推广“枫桥经验”的精神和实质。

第一节　学习推广“枫桥经验”的必要性和可行性

学习推广“枫桥经验”是加强基层基础建设，落实“四个全面”“五位一体”战略的抓手，是有效提升基层治理水平，推动国家治理体系和治理能力现代化的必然要求。

一、学习推广“枫桥经验”的必要性

“枫桥经验”是浙江的“传家宝”“金名片”，也是全国政法战线的旗帜和我国基层社会治理的典范，是我国基层社会治理体系和治理能力现代化的重要标志。学习推广“枫桥经验”的必要性体现在以下几个方面：

（一）推进国家治理体系和治理能力现代化的需要

全面深化改革总目标是完善和发展中国特色社会主义制度、推进国家治理体系和治理能力现代化。推进国家治理体系和治理能力现代化是坚持和发展中国特色社会主义的必然要求，也是实现社会主义现代化的应有之义。经过实践检验的“枫桥经验”，符合中国基层社会实际、科学有效、符合规律。学习推广“枫桥经验”有利于提高党的执政能力，提高各级干部、管理者的思想政治素质、科学文化素质、工作本领，提高企事业单位、人民团体、社会组织等的工作能力，提升城乡基层社会治理现代化水平。

（二）全面实施乡村振兴战略的需要

实施乡村振兴战略，是党的十九大作出的重大决策部署，是决胜全面建成小康社会、全面建设社会主义现代化国家的重大历史任务，是新时代“三农”工作的总抓手。乡村振兴，治理有效是基础，加强农村基层基础工作，构建乡村治理新体系必须重视基层治理。学习推广“枫桥经验”为加强农村基层党组织建设、深化村民自治实践、建设法治乡村、提升乡村德治水平、建设平安乡村提供了综合性方案，是全面实施乡村振兴战略，推动农业全面升级、农村全面进步、农民全面发展的有效方法。

（三）基层社会治理转型升级的需要

当前，我国基层社会治理正处在转型过程中。乡土远去，使地方性规范逐渐解体，情、理、法、力都找到了用武之地；开放社会，使竞技场门槛较低，每个个体都可一显身手。基层社会既充满活力，又处处孕育着风险。而“枫桥经验”自诞生时起，即有效处理了各个历史时期的突出社会矛盾，从社会改造，到社会治安综合治理，再到社会治理，“枫桥经验”在维系基层社会秩序中发挥了积极作用。与时俱进的“枫桥经验”对于解决新时期的基层社会矛盾，促进基层社会治理的转型升级，具有重要意义。

（四）回应社会主要矛盾深刻变化的需要

新时期我国社会主要矛盾发生了深刻变化，这是关系全局的历史性变化，对党和国家工作提出了许多新要求。党的十九大报告提出“打造共建共治共享的社会治理格局”，就是针对新时代我国社会主要矛盾变化作出的积极回应。新时代“枫桥经验”以共建共治共享、自治德治法治融合等为基本特征，是不断创新基层社会治理机制和方式的重要法宝。在决胜全面建成小康社会阶段，要紧扣我国社会主要矛盾变化，注重发挥学习推广“枫桥经验”，有效破除妨碍人民群众有效参与社会治理的观念和体制机制障碍，保障人民群众在社会治理中的参与机会和权利,更好地满足人民在社会治理方面日益增长的需要。

(五)促进经济社会全面协调可持续发展的需要

坚持以习近平新时代中国特色社会主义思想为主题,以加快转变经济发展方式为主线,不仅是经济发展必须遵循的总要求,而且要贯穿于社会发展的全过程。必须坚持把推动经济社会又好又快发展作为加强和创新社会治理的根本前提,统筹抓好经济转型与社会转型。学习推广“枫桥经验”,一方面,有利于把经济转型作为社会转型的前提和基础,加快转变经济发展方式,切实提高经济发展质量和效益,走出一条生产发展、生活富裕、生态良好的文明发展道路;另一方面,有利于把社会转型作为经济转型的保障和目的,像抓经济建设一样抓社会治理,转变社会发展方式,补齐社会治理“短板”,大力进行公共服务建设,促进社会公平正义,保证社会充满活力、运行有序,实现长治久安。

二、学习推广“枫桥经验”的可行性

新时代“枫桥经验”旗帜鲜明地突出党的领导,积极化解社会矛盾、引领时代风尚、保障经济社会协调发展、全面推进社会平安和谐。学习推广“枫桥经验”,具备以下诸多良好的基础和条件:

首先,党中央高度重视“枫桥经验”的推广工作。2018年1月召开的中央政法工作会议提出,要以总结推广新时代

“枫桥经验”为契机,提升城乡基层社会治理现代化水平。政法机关要对新时代“枫桥经验”进行理论总结和经验提升,推动其由促进乡村治理体系建设向促进城镇、社区治理体系建设延伸,为“枫桥经验”的学习推广提供了指引。

其次,浙江践行“枫桥经验”取得良好的治理效果,具有推广价值。长期以来,枫桥坚持以人民为中心,以党建为引领,以善治为目标,以预防为基点,在城乡基层社会治理的各个方面都取得了实实在在的效果,治理有效、人民满意、经济发展、社会和谐。2003 年以来,绍兴乃至浙江全省推广“枫桥经验”,浙江的经济、社会、文化事业得到全面发展,治理格局发生改变,自治活力得到释放,法治思维渐入人心,道德教化发挥引领,党群干群关系更加密切,基层政权更加巩固有力,生态更优,环境更美,治理效果非常显著。

再次,“枫桥经验”的核心内涵——党建统领、人民主体、“三治”结合、共建共治共享、平安和谐——具有普遍价值,是基层社会治理的共通经验,适宜在全国范围内学习推广。同时,“枫桥经验”也具有很强的灵活性和可塑性,是开放的治理经验,有学习推广的巨大空间。

最后,加强基层基础建设已经成为全社会的共识,成为国家治理体系和治理能力现代化的重要组成部分,“枫桥经验”的学习推广具备了良好的条件。在实践层面,“枫桥经验”历经管制、管理、治理三个阶段,在 55 年的发展历程中,顺应经济社会变化,不断创新发展,业已形成较为系统、成熟的一套做法。在理论方面,围绕“枫桥经验”的理论总结和经验提升,国内已经产生了一批研究成果,汇集各方面研究成果对“枫桥经验”进行理论建构,为学习推广“枫桥经验”进行了较为充分的理论准备。

第二节　学习推广“枫桥经验”的原则和方法

学习推广“枫桥经验”必须坚持党的领导并以习近平社会治理思想为指导,依靠群众、发动群众,因地制宜,创新发展。坚持理念创新与体制机制改革相结合。坚持继承优秀文化传统与适应现代社会文明进步有机统一。解放思想,提高认识,学习“枫桥经验”的精神实质,牢记全心全意为人民服务宗旨,贯彻好、落实好党的群众路线,体现出人民群众当家做主的国家属性,实现中国共产党人的伟大初心。在具体方式方法上,学习推广“枫桥经验”要坚持点面结合,重点突破;坚持标本兼治,源头治理;坚持城乡统筹,协调发展;将原则性和灵活性结合,将传承和创新结合,将理论和实际结合。

一、充分认识“枫桥经验”的一般性和特殊性,因地制宜,从实际出发,学习“枫桥经验”的精神实质

“枫桥经验”的核心内涵,如党建统领、人民主体、“三

治”结合、共建共治共享、平安和谐，是基层社会治理中具有普遍性的要素，决定了“枫桥经验”可以在全国范围内普遍推广。但同时也要注意到“枫桥经验”的特殊性，枫桥镇、诸暨市所处的特殊地理位置、历史文化传统、经济社会发展水平决定了“枫桥经验”某些具体做法在推广普及中的适用有一定的限定性。“枫桥经验”形成的历史渊源、实践基础，决定了“枫桥经验”自身拥有的优越性和特殊性，有些做法是不可复制或不宜复制的，不能强行推广，否则会水土不服。比如，推广基层治理“四个平台”，一是要建一套包括公共安全视频监控系统的硬件设备，二是要有一支稳定的网格员队伍，三是要有技术人员对收集来的大数据进行分析、处理、挖掘，在欠发达地区、地广人稀地区能否复制，需要进行成本测算和可行性分析。总之，学习推广“枫桥经验”，要将特殊性与一般性结合，充分重视本地实际，使之适合当地历史文化传统、经济社会发展水平，将学习、借鉴、创新有机结合。主要学习推广“枫桥经验”的精神实质，对一些具体做法，不宜照搬照抄。务求具有针对性，防止将“枫桥经验”格式化、固定化、绝对化、片面化。

二、认真处理好“枫桥经验”本土化与普遍化的关系，既推动“枫桥经验”普遍化、全域化、国际化，又不能脱离“枫桥经验”的本源意义

“枫桥经验”是浙江省诸暨市枫桥镇创造出的一套成

功经验，其基础是枫桥地方治理实践，与当地经济发展、民风民俗密切相关。同时，几十年来，在“枫桥经验”的启示下，浙江省和全国各地在基层治理方面进行了诸多探索，枫桥的一些做法和实践在很多地方都有不同程度的体现；枫桥也在不断汲取其他地区的一些创新成果，由此推动“枫桥经验”从地方经验发展为具有全国普遍意义的经验。可以说，“枫桥经验”是发端在地域性基础之上，以发动群众、依靠群众为核心的全国性经验，既有本土化的一面，又有普遍化的一面。但需要注意的是，不能把“枫桥经验”当作一个大箩筐，各地基层矛盾纠纷化解、基层社会治理的好经验都往里面装，这样就会使其概念过于泛化，丧失其鲜明特征，不能只要是基层治理的好经验就都可以装到“枫桥经验”里来，这样就使“枫桥经验”的外延无限扩大，内涵越来越小，甚至概况不出来了，也容易导致各地在学习推广过程中只克隆一些具体做法，偏离“枫桥经验”的本源，造成“枫桥经验”的滥用。另外，在全国范围内学习推广“枫桥经验”，也要加强对“枫桥经验”与全国其他地方实践探索之间关系的研究，分析“枫桥经验”的某些实践在其他地区推行的可能性或局限性，对其他地方基层治理创新产生影响的过程和机制，确保所提炼的“枫桥经验”具有可复制性、可推广性，能够为全国基层治理实践提供借鉴范本。

三、注意区分东中西部农村不同的矛盾类型和治理需求

“枫桥经验”诞生发展于东部发达地区，目前主要解决的是工业化程度较高、人口流入地复杂的社会治理问题。与之相比，广大中西部地区依然呈现出以农业为主的产业形态。经济发达地区农村与一般农业型地区农村在社会基础、矛盾类型和治理需求等方面存在较大差异，这决定了把“枫桥经验”推广到全国其他地区时需要注意农村区域的差别因素，因地制宜。东部沿海地区作为市场经济先行地、人口流入地，受工业建设带动和城镇扩张辐射，利益密集，外来人口聚集，产生远较一般农业型村庄多的社会治理需求。由于集体经济发展壮大，人才流入，也具备较好的自治基础和自治活力。其所面临的主要矛盾，是早期粗放发展带来的资源低效利用、前期缺乏科学规划造成的发展受限问题，以及人口涌入后的社会管理和社会服务问题。对比来看，广大中西部一般农业型地区，整体呈现出农业为主、利益密度低、经济机会少、人口流出、集体经济薄弱等特征，村庄处于“空心化”状态，人气不旺，基层社会治理资源相对不足。需要解决的是人口流出后社会发展活力不足的问题，应当更加注重基础设施的完善和公共服务的健全。从长远来看，东中西部农村发展不均衡状况仍将长期存在。新时代创新发展和推广“枫桥经验”，是解决大国治理统一性与差异性矛盾的必然选择。

四、必须重视城市社区治理与农村基层治理的差异

推动“枫桥经验”由促进乡村治理体系建设向促进城镇、社区治理体系建设延伸，是新时代“枫桥经验”创新发展的首要任务。就基层社会治理实践而言，“枫桥经验”中发动和依靠群众、矛盾就地化解等内涵，不仅适用于乡村，也适用于城市。事实上，在城市社区治理的许多经验，与“枫桥经验”早有共同之处。如城市社区治理中邻里相助、网格化治理、“三社”联动等，都与“枫桥经验”有内在契合之处。但长期以来，在城乡二元结构的塑造下，城镇、社区治理体系与乡村治理体系有极大不同，所要解决的问题、路径和方法均不相同。将“枫桥经验”推广到城市社区治理，同样存在因地制宜问题。首先，治理体系不同，决定了“枫桥经验”的路径依赖有所差异。城市社区承担了大量政府职能，社区居委会既有自治性，又有承接行政服务的职能。因此，“枫桥经验”的实践载体不仅要立足于社区自治人员及积极分子，还要立足于大量行政服务人员。其次，治理内容不同，决定了“枫桥经验”的实践内容有所差异。城市社区治理一方面需要解决社区内部合作事务，另一方面需要解决链接社区、市场及行政资源的工作。虽然城市社区治理的大量内容均已专业化，如卫生环境由物业公司管理，治安问题公安部门可及时介入，但由于信息不对称等原因，社区管理及专业化服务要实现有效配置，社区居民的需求要获得

有效回应，均需形成资源的有效连接。因此，在城市社区治理中，发现和连接社区治理资源是“枫桥经验”的主要实践内容。最后，社区性质不同，使“枫桥经验”的工作方法也要有所差异。在都市社会形态中，复杂的社会分工、社会分层和职业结构，使个体之间依赖性凸显；高度的社会流动和人际关系的匿名性，使社会充满异质性；传统社会控制削弱，越来越依赖于正式制度。社区的功能在于，它在陌生人之间提供了“在一起”的可能性。“枫桥经验”无论是在改造“四类分子”，还是社会治安综合治理及流动人口管理中，其实质都是塑造不同人群的“共同体”。城市社区高度陌生化恰恰为“枫桥经验”提供了发挥空间。比如，在城市社区，具有年轻人工作忙、社区治理参与性不够但社会交往广，老年人众多、社会交往狭窄但志愿服务社会的人员不少的特点，两类人群具有极高的互补性。如在社区治理中注重社区公共空间的再造，就有可能增强社区社会资本，提高不同人群的社会质量。

后　记

为落实郭声琨同志的指示和中央政法工作会议的精神，中国法学会决定设立《“枫桥经验”理论总结和经验提升》重大课题，并形成了工作方案。为了加强课题研究工作的协调推进，中国法学会党组和浙江省政法委联合成立《“枫桥经验”理论总结和经验提升》重大课题领导小组，中国法学会党组书记、常务副会长陈冀平任组长，浙江省委常委、政法委书记王昌荣，中国法学会党组成员、副会长鲍绍坤、张文显、王其江任副组长。领导小组成员包括：中央综治办综治二室主任陈显辉，中国法学会研究部主任李仕春，中国法学会机关党委常务副书记、人事部主任吕兴焕，中国法学会会员部主任张所菲，《中国法学》杂志社总编辑张新宝，《民主与法制》杂志社总编辑刘桂明，中国法学会研究部副主任彭伶，中国法学会法治研究所副所长王伟国，《法制日报》理论版主编蒋安杰，浙江省委政法委办公会议成员、省综治办专职副主任谢小云，浙江省公安厅副厅长金伯中，浙江省法学会党组成员、专职副会长陆剑锋，绍兴市委政法委副书记马永定。

同时，成立《“枫桥经验”理论总结和经验提升》重大课题专家组，由中国法学会党组成员、副会长、学术委员会主任张文显任组长，负责课题的具体实施工作。专家组成员包括：中国法学会副会长、中国社科院学部委员、研究员李林，浙江省公安厅副厅长金伯中，中国农村研究院院长、“长江学者”特聘教授、中国政治学会副会长徐勇，浙江大学公共管理学院院长、教育部“长江学者”特聘教授郁建兴，四川大学法学院教授、四川大学“985 平台”首席科学家顾培东，西北政法大学校长助理、最高人民法院司改办副主任（挂职）汪世荣，武汉大学社会学系主任、教育部“长江学者”特聘教授贺雪峰，中央党校党史部主任、教授罗平汉，中国人民大学法学院教授、中国法学会比较法学研究会副会长范愉，清华大学法学院教授、中国农业经济法研究会副会长高其才，北京大学法治研究中心主任、法学院教授强世功，中南财经政法大学法治发展与司法改革研究中心负责人徐汉明，华中师范大学政治学研究院院长、公安部公安发展战略研究所副所长、研究员杨昌军，浙江大学光华法学院教授、中国法治研究院院长钱弘道，浙江警察学院教授、《浙江警察学院学报》副主编蒋国长，中共绍兴市委党校枫桥经验研究中心常务副主任、教授卢芳霞，中南财经政法大学法学院副院长、教授陈柏峰，山东大学法学院教授郑智航，武汉大学社会学系研究员桂华，绍兴市综治办副主任、法学会副会长戴大新，诸暨市委政法委委员、“枫桥经验”研究会会长陈善平，中国人民大学法学院副教授彭小龙，中央民族大学法学院副教授郑毅。

工作方案报郭声琨同志圈阅后，课题组随即按照该工作方案开展相关活动。

2018 年 1 月 25 日,中国法学会“枫桥经验”理论总结和课题研究座谈会在京召开。中国法学会党组书记、常务副会长陈冀平,中国法学会副会长张文显、王其江,最高人民法院党组成员、副院长姜伟,中国法学会副会长、中国社科院学部委员李林等出席了座谈会。来自中央综治办、最高人民法院、最高人民检察院、公安部、民政部、司法部、浙江省委政法委、浙江省公安厅、绍兴市委政法委、绍兴市法学会等中央和地方有关部门的领导同志,中国社科院、北京大学、清华大学、中国人民大学、浙江大学、山东大学、绍兴市“枫桥经验”研究所等著名高校和科研机构的专家学者 50 余人参加了座谈会。会议重温了毛泽东同志关于推广“枫桥经验”的批示和习近平总书记关于坚持发展“枫桥经验”的指示,传达了中央政法工作会议对“枫桥经验”的总结、提炼、推广作出的重要部署和郭声琨同志关于加强研究、做好理论总结和经验提升工作的重要指示。与会领导同志和专家学者围绕“枫桥经验”的理论总结、经验提升和课题设置、调研安排展开了深入的交流探讨,提出了许多真知灼见。

4 月 9 ~ 13 日,由中国法学会党组成员、副会长兼秘书长、课题领导小组副组长鲍绍坤带队的课题组赴浙江省进行了专题调研。参加调研的专家学者有:浙江省人民检察院检察长贾宇,浙江省委政法委办公会议成员、省综治办专职副主任谢小云,课题组成员陆剑锋、范愉、汪世荣、钱弘道、杨昌军、陈寒非等。调研组实地考察了杭州、绍兴、嘉兴、湖州的基层单位共27个点,覆盖省、市、县、乡、村五级;召开了两场座谈会,与浙江省、杭州市、诸暨市、枫桥镇各相关部门、长期研究“枫桥经验”的专家学者及基层代表进行了深入交流。通过调研,课题组对新时代“枫桥经验”在浙江的实践、创新和成效有了更加直观、更加深刻的认识,并形成了调研报告,报中央政法委及郭声琨同志。

6月5~7日,中国法学会与浙江省委政法委在杭州组织召开了“枫桥经验”理论座谈会。会议由中国法学会党组成员、副会长、学术委员会主任,重大课题专家组组长张文显主持。课题组成员李林、李仕春、谢小云、金伯中、徐汉明、汪世荣、郁建兴、钱弘道、高其才、蒋国长、卢芳霞参加座谈会。杭州师范大学沈钧儒法学院教授范忠信、西北政法大学教授褚宸舸、山东大学法学院教授郑智航、浙江警察学院副院长黄兴瑞教授,浙江警察学院金诚教授、揭萍教授,武汉大学社会学系吕德文研究员、桂华研究员、上海市文史馆馆长郝铁川教授,四川大学法学院顾培东教授、美国康奈尔大学於兴中教授等专家学者应邀参加了座谈会。与会专家以习近平同志与“枫桥经验”、习近平新时代中国特色社会主义思想与新时代“枫桥经验”的主题为切入点,围绕“枫桥经验”理论总结的重大意义、重点、难点,“枫桥经验”的概念、“枫桥经验”的发展历程、时代内涵,新时代的挑战和“枫桥经验”创新发展,“枫桥经验”在浙江及全国的发展,域外基层社会治理的不同模式及借鉴意义,“枫桥经验”如何推向全国、走向世界等问题,展开了热烈深入的讨论,在一些关键问题上深化了认识，取得了一致意见，形成了《新时代“枫桥经验”的理论概括——问题、观点与提纲》。

7月2~4日，中国法学会在北京召开“枫桥经验”理论纲要编写会。会议由张文显副会长主持。课题组成员李仕春、谢小云、陆剑锋、汪世荣、钱弘道、蒋国长、卢芳霞、余钊飞，中国法学会研究部副调研员曹菲、中国法学会法治研究所副处长周杨、中南财经政法大学博士后研究人员叶强、浙江大学光华法学院博士生郭栋等参加了会议。会议的目的和任务在于，对理论纲要初稿的观点作进一步提升，内容作进一步完善，逻辑作进一步梳理，语言作进一步精炼。张文显向与会专家传达了陈冀平书记对“枫桥经验”的深刻思考和编写意见。与会专家一致认为，“枫桥经验”理论研究要坚持以习近平新时代中国特色社会主义思想为指导，将“枫桥经验”上升为“枫桥理论”，使之成为习近平社会治理思想的有机组成部分，进而成为习近平新时代中国特色社会主义思想的组成部分。在研究和写作中，要高度重视与习近平新时代中国特色社会主义思想的契合度，做到实证资料充实、逻辑严谨、语言精准、经得起检验。与会专家对理论纲要初稿各部分内容进行了细致深入的研讨，明确了修改思路和重点。

7月28~30日，《“枫桥经验”理论总结和经验提升》课题组再次深入浙江进行调研，并召开统稿会。由课题专家组组长张文显，课题组成员李仕春、汪世荣、余钊飞，以及中国法学会研究部副调研员曹菲、中国法学会法治研究所副处长周杨、浙江大学博士后郭晔、浙江大学光华法学院博士生郭栋组成的统稿小组，对“枫桥经验”理论总结文稿第二稿进行讨论、修改、完善，形成了送审稿。

8 月 15 ~ 16 日，中国法学会副会长、专家组组长张文显，课题组成员李仕春、谢小云、汪世荣、徐汉明、陆剑锋、钱弘道、卢芳霞、余钊飞、曹菲等参加了在绍兴举行的“新时代‘枫桥经验’理论研讨会”并在诸暨枫桥进行深入考察。会议期间，部分与会领导和专家学者对送审稿提出了若干修改完善的意见。会后，张文显副会长对全部书稿进行修改，形成了新的送审稿。

8 月 29 日，中国法学会党组召开扩大会议，在党组成员会前分别审议的基础上，对送审稿进行了集体审议，提出了若干修改意见。会后，张文显、曹菲同志对送审稿进行了适当修改。

在前期调研和文稿修订过程中，课题组得到了中国法学会党组和浙江省政法委的直接领导，得到了浙江各地特别是绍兴市委、诸暨市委、衢州市委、桐乡市委以及枫桥镇各级领导同志和干部群众的大力支持和协助，得到了许多专家学者的咨询意见。中国政法大学研究生徐婧、周俊康同学做了大量的辅助性工作。在此，谨向大家表示衷心的感谢。

中国法学会“枫桥经验”理论总结和经验提升课题组

2018 年 9 月 10 日